U0033619

尋找自己的 **蔣中正**

——*1948-1954* 日記解讀

A Guide to Chiang Kai-shek Diaries, 1948-1954

呂芳上　主編

# 目錄

- 「平凡人」與「大歷史」 ...................... 1
  呂芳上（民國歷史文化學社社長）

- 1948／金陵王氣黯然收 .................. 35
  王良卿（國立暨南國際大學歷史學系副教授）

- 1949／是關鍵年代？還是無關緊要的一年？ ......... 49
  林桶法（天主教輔仁大學歷史學系名譽教授）

- 1950／九局下半的逆轉勝 ............... 59
  李君山（國立中興大學歷史學系教授）

- 1951／歷史長河的重複循環 ............ 71
  李君山（國立中興大學歷史學系教授）

- 1952／在冷戰架構下穩定時局 ......... 85
  任育德（天主教輔仁大學全人中心兼任副教授）

- 1953／黨統繼承與實力展現 ...... 97
  任育德（天主教輔仁大學全人中心兼任副教授）

- 1954／排除萬難步入正軌 ...... 111
  林桶法（天主教輔仁大學歷史學系名譽教授）

- 《蔣中正日記》研究蔣中正 ...... 123
  劉維開（國立政治大學歷史學系退休教授）

- 蔣中正日記的過去、現在與未來 ...... 169
  林桶法（天主教輔仁大學歷史學系名譽教授）

# 「平凡人」與「大歷史」

呂芳上

民國歷史文化學社社長

## 引言：走下祭壇

　　蔣中正研究已是當前民國史研究的顯學，2004 年蔣中正日記存放在美國史丹福大學胡佛研究所，2006 年日記公開，直接促成蔣「遺產」影響的擴大。「蔣學」不只包含新資料的挖掘，還涉及研究範圍、研究途徑、研究方法的討論與探索。日記的公開，對海峽兩岸、西方及日本近代史學界，究竟造成多大的衝擊？對民國史的認識又形成什麼影響？是饒富趣味的問題。

胡佛塔（Hoover Tower）
民國歷史文化學社編輯部／攝

　　1980 年代世局的激烈變動和其同時衍生的影響與結果，將來一定會在 20 世紀史中占有重要地位。冷戰局面瓦解，意識型態鬆綁，民主化更衝擊包括海峽兩岸的許多地區和國家。從 1920 年代開始，蔣中正和毛澤東躍上政治舞臺，到 1970 年代中期，至少有半個世紀的影響力，這是無人可以否認的事。二次大戰後不久，蔣中正在中國大陸的挫敗，西方學者早已用「失敗者」為蔣定位。1975 年 4 月蔣中正過世後的幾十年，臺北「去蔣化」的風潮隨著民主化與統獨之爭起舞。致使蔣中正雖蓋棺而論不定。1976 年 9 月，毛澤東去世前後，毛地位如日中天，毛思想是冷戰時期美蘇之外「第三世界」革命的動力和思想的泉源。幾十年後，毛思想和地位開始減弱，在中國大陸，兩貓論、和諧論取代了階級鬥爭說、革命不是請客吃飯說，後繼者揚棄了革命浪漫主義，紅色的經典似乎成了遙遠的記憶。

　　其實蔣中正比毛澤東幸運，因為蔣比較早走下祭（神）壇，恢復了「人」的面目。由於蔣中正日記的開放，哈佛大學的陶涵（Jay Taylor）是近二十年西方學界首先為「委員長」（Generalissimo）立新傳，顛覆長期以來西文著作對蔣負面評價的第一人。美國、日本、加拿大、臺灣學界重評蔣中正的會議陸續召開，一葉知秋。在中國大陸，近年蔣中正的歷史研究，由「禁區」變成「顯學」。蔣的歷史定位，正由「人民公敵」的陰影中走出來。在臺灣的中華民國政府，由蔣領導的國民黨實際執政

時間比在中國大陸還長久。當臺灣學術界把蔣中正當學術研究的對象時，表示他已成為一位凡人，不是「神」也不是「鬼」。如果歷史人物不再被塗脂抹粉刻意打扮，公正客觀的評價便易於出現。這一點，蔣確比毛要幸運。

　　無疑的，蔣中正日記，是一位民國領導人物心路歷程的全面公開，會使「偉人」走向凡俗的色彩更濃，也會讓黨派偏見論述逸出政治鬥爭的框架。蔣中正的生平因日記的公開，及早接受後人及歷史的檢驗，日記因此可以作為蔣中正千秋功過論斷的一種憑藉。重評蔣中正，當然會增加我們對民國史的認識和理解。

## 近代中國知識分子的日記傳統

　　蔣中正記日記，時間長達半世紀以上。以日記作進德修業，增進工作歷練的重要方法。這與宋明理學修身日記的傳統，十分接近。

　　宋明理學從事思想的論辯之外，也注重修身實踐。其中以不同方式提醒自己，是一種修養方法。故宋代讀書人以一兩句修身警語書寫的書匾、書聯流行，這就是一種象徵，而自傳、功案、功過格、年譜、書壁等更成為具體實踐的辦法。18世紀初，蔣中正十分推崇的清儒李塨書壁云：「斷欲、勿詈人、勿躁、勿言人短長、勵肩聖道、表裏並進」，[1]這與蔣日記中格言與雪恥欄的文字，很有

---

1　參見王汎森，〈中國近代思想中的傳統因素〉，《中國近代思想與學術的系譜》（石家莊：河北教育出版社，2001），頁117-148。

幾分相近之處。本來明清理學家認為日記有兩種功用，一是記思慮，自警自惕，一記內心活動、生活細節。供自勘或請成德君子代為診治之用，故記日記須在人之隱微處記下細節，功過並錄，不能嫚飾。李塨記日記，察善過，為彰善糾過，每月結算，過多善少則「跪而自訟」。這就是以日記作為人的一種省察科目。顏元、李塨的日記，還有「以學改政」之心，要轉世不為世所轉之意。顏元主實踐，認為應由日常生活中活出聖賢來，這也與蔣中正的想法接近。明儒記日記還有一種習慣，就是將日記送人評閱，「互觀日記、互質日記、互評日記」，亦即作為反省規過的工具。送閱的對象，有時是師徒、有時是父子。1940 年代，蔣中正、蔣經國父子互閱日記，作為奮發向上的一種法門，正有此種意味。[2] 此外，明清儒者記日記除了作「自勘」、自我反省工具外，還常「回勘」。即自己在一段時間後、神智清醒之時，道德更有進境之際，回頭再翻檢過去書寫的日記，再診斷自我，保留更完整奮鬥進退的痕跡。[3] 這些動作，在蔣的習慣上，也一再出現，這些如拿來與基督教作比附，似又有幾分接近於「告解」的意味。這與基督教傳統對記憶的重視，相當接近。日後蔣中正接納基督教，與此或不無關連。

---

2　「蔣中正日記」，1944 年 1 月 2 日：「批閱經國日記，得益不少。經國能不入固執與孤僻之途，日趨於高明中庸之道，庶幾有成。」1 月 3 日：「互質互觀日記，最有益於人性與修養。」
3　王汎森，〈中國近代思想中的傳統因素〉，頁 117-148。

　　蔣中正受曾國藩的影響很大，曾國藩又受倭仁的影響。倭仁是依照劉宗周《人譜》的辦法寫「日課」，曾國藩則寫日記，並與朋友吳廷棟、馮卓懷等互相傳觀。蔣在 1914 年至 1915 年間流亡日本時，全力攻讀王陽明、曾國藩、胡林翼的全集。特別著力於曾國藩《曾文正公全集》。日記中說：讀之「不能掩卷，晝夜不眠，而刻苦砥礪，亦以此為甚」（1931 年 12 月本年反省錄）。蔣自謂 1915 年後開始寫日記，顯然受曾國藩的影響很大。

　　蔣是五四人物之一，五四時代雖有反理學之風，但不能忘記當時仍有相當濃厚的宋明理學靠「學案」來誨悟的辦法，「懲忿制欲」的空氣很濃。[4] 這個訊息在《顧頡剛日記》、《惲代英日記》中均有透露。惲代英說在武昌組織互助社時（1917 年），到處「示人以日記」，也勸人記日記，同時為他自己每天的行為打分數。社員規定六十分以下罰十文，每降十分，再加十文。[5] 五四時代讀書人的日記，多抄錄宋明語錄作進德修業之憑藉。二十年後，蔣在日記中也大量抄錄宋元學案和語錄。這個作法，可在傳統中找到發展的脈絡。這種隱私公開化，進而成為互相檢討、批判的工具，日後更成為政治新人的過關條件。「小我」自檢成為完成「大我」的伎倆，顯然已非理學家的初衷了。

---

4　陶希聖，《潮流與點滴》（臺北：傳記文學，1964），頁 32。
5　惲代英，《惲代英日記》（北京：中央黨校，1981），頁 202-208。

## 持之以恆地書寫

　　蔣中正自青年時代起養成每天記日記的習慣，持之
以恆，至其晚年，身體健康狀況不佳之前，始終不曾間
斷。此點可由保存在胡佛研究所，從 1917 至 1972 年，前
後長達五十五年的日記原本得到證實。蔣對於自己記日記
的恆心，頗為自得：

> 我自問生平沒有別的長處，其尚敢自信者，就只有有
> 恆一點。所謂有恆並不是從先天的稟受得來的，而是
> 必須自日常生活中，樹立目標，一心嚮往，才能夠養
> 成的。幾十年來，我每日必有日課，每日必有日記，
> 雖在造次顛沛中，也從沒有一天間斷；再說我在閱讀
> 某一種書籍沒有終卷以前，也決不旁騖其他書籍，這
> 就是有恆的起碼要求。[6]

　　記日記、讀書不二（一書未竟不讀他書），正是曾國
藩生活信條的重要兩則。蔣為何能如此有恆心的記日記，
應該與其對日記的認知有關。從 1924 年擔任黃埔軍官學
校校長開始，一直到晚年，多次在演講中要求學生、幹部
要養成記日記的習慣，他認為記日記是件十分重要的工
作，不僅能記錄下個人思想的變遷，習慣和行動的改革，

6　蔣介石，〈建立三民主義的中心思想 —— 有恆、務實、力行，革新、動
員、戰鬥—〉，秦孝儀主編，《總統蔣公思想言論總集》，卷 27 演講
（臺北：中國國民黨中央委員會黨史委員會，1984），頁 513-514。

而且是自我反省檢討的重要工具。[7] 直到晚年，他仍然強調記日記是自我反省「知恥知病」的最佳方法。

如果從今天的眼光看，日記是個人的記述，具有高度的私密性，但是蔣表示，長官調閱或朋友交換參看日記，可以作為訓練人才的方法，1936 年 3 月出席縣市行政講習所開學典禮講話時，提供與會者訓練部下的四項具體辦法，其中之一即為調閱、交換日記，表示：「規定一般部屬作日記，並且隨時調閱，藉以考核其生活、行動、工作、思想、修養等等，同時朋友之間，更可以交換日記，藉以彼此窺見道德思想等等而互相觀摩砥礪，也是訓練人才之一法。」[8] 他與長子蔣經國交換閱讀日記的原因亦在於此。他甚至有將日記印行的想法，據羅家倫回憶，蔣曾將 1924、1925 兩年日記交其看過，甚至商議付印相關事宜。[9]

後來蔣將日記交由毛思誠、陳布雷等人整理，並作為《民國十五年以前之蔣介石先生》及「事略稿本」的資料，亦可看出他對於日記，不同於現在一般認為私密性的紀錄，有其個人對日記運用的看法。顯然，蔣記日記的動機，勸部屬寫日記，以日記自勘、互評，甚至於公開。這

---

7  蔣介石，〈怎樣盡到做人與革命的責任〉，《總統蔣公思想言論總集》，卷 10 演講，頁 201。

8  蔣介石，〈今後改進政治之途徑〉，《總統蔣公思想言論總集》，卷 14 演講，頁 132。

9  羅家倫，〈蔣的性格言論和行動〉，1931 年 6 月 30 日於中央政治學校校長室，中國國民黨黨史館藏毛筆原件。

與上節所說宋明理學家的日記傳統實有密切關連。

　　蔣所使用之日記本有固定格式，早期使用商務印書館印製的「國民日記」，爾後自行印製固定格式，除每日記事外，每年有該年大事表，每月有本月大事預定表、本月反省錄（後改為「上月反省錄」），每週有本週反省錄（後改為「上星期反省錄」）、下週預定表（後改為「本星期預定工作課目」）。蔣日記持續以毛筆書寫，除每日記事外，每週、每月、每年開始必定按照上述表、錄，檢討上週、上月之施政或個人行事，思考本週、本月、本年之預定工作，每年年終必對全年之政治、外交、黨務、軍事等工作進行分項檢討。[10]

---

10　潘邦正曾列舉《蔣中正日記》的十五項規格：
　　1. 日記中有明確年月日：日記以民國為年號，如民國二十七年；以中國數字記載月日，如民國十八年一月六日（戊辰一月六日）。
　　2. 日記中有明確農曆：如「小寒」、「立春」、「夏至」。
　　3. 日記中有明確星期：每日日記有明確星期，如「星期一」。並有日文表明星期如金曜日，土曜日，火曜日。
　　4. 日記中每日有名人立志語：「敦厚溫恭載道之器——劉念臺」、「困而不學，民斯為下——論語」。
　　5. 日記中有重要紀念日：如一月一日則記載「中華民國成立紀念」。
　　6. 日記中有當日氣候：如「晴」、「陰」。
　　7. 日記中有當日溫度：溫度以華氏記錄，如「五十度」。
　　8. 日記中有提要：每日提要表示他的心理狀態。如「雪恥」、「立志養氣」、「人定勝天」、「喜怒無常，戒之！」
　　9. 日記中有上星期反省錄。
　　10. 日記中有本星期預定工作課目。
　　11. 日記中有重要資訊剪報：「開羅會議宣言」、「史達林病重」、「史達林繼承人」、「蘇蒙聯軍痛創共匪」、「吳國楨罪惡滔天」。
　　12. 日記中附有地圖，如世界地圖。
　　13. 日記中有重要大事記載：如「加強軍事建設」、「大陸情報蒐集」、「高級軍官教育」、「對英外交推動」、「建立兵役制度」。
　　14. 日記中極少部分已遭塗改，大部分為本人修飾文字所為。
　　15. 日記中有反省錄。

　　「雪恥」的內容初期與日本之對華侵略有關，日後則或摘錄先聖先賢之嘉言，或研讀《聖經》心得，如「讀舊約詩篇三十四篇，大衛對其敵人『亞比米立』之裝傻態度甚有所感。」（1937年3月16日）「哲學之源皆發於宗教，無宗教即無哲學，除非人類可不需哲學，否則如人生之於哲學不能須臾離也，則宗教之於世界亦不能一日廢棄，故吾視宗教與哲學不能分離者也。」（1937年4月4日）「基督徒的生活是最滿足而豐富的，在物質方面可以享受上帝所賜的一切幸福（並不像其他的宗教一般要滅絕一切欲望的）；同時更可以在靈性方面得到永生的快樂。」（1938年3月1日）；或自我惕勵，如「只求有益於民族與社會之將來，任何詆毀與輕侮皆所樂受也。」（1937年4月5日）「生命在國家與民族而不在子孫，國家即吾夫婦之子孫也。」（1937年4月25日）「濟南恥辱至今已至九年，身受其恥之中心，將何以自解也。」

## 保存與運用

　　蔣中正日記手稿本按蔣自己的說法，自1915年開始寫日記。到1972年心臟病發，無法再動筆為止，他記日

見潘邦正，〈蔣中正日記的保存，開放及其影響〉，「開拓或窄化？蔣介石日記與近代史研究」學術研討會（中央研究院近代史研究所蔣介石研究群主辦，2008年12月27日）。

記的時間長達半個世紀以上。現存的日記 1915 年只有山東討袁一星期的記事，其他都在 1918 年冬永泰之役中喪失。1916 到 1917 年的日記也可能因為 1918 年在廣東戰役中遺失，1924 年的日記目前無法找到，他自己說是「為共匪所竊」。1918 年以前的行事，蔣曾經幾度補述，有一部分詳細敘述了他幼年的回憶，附在日記手稿之前；有一部分放在 1929 年 7 月的雜記及 1931 年 2 月的回憶中，嚴格說來不算是日記。1918 年以後雖有部分潮濕霉爛（1935-1936），但大體完整。這套日記原件現存史丹佛大學胡佛研究所，即將運回國史館典藏。1975 年蔣過世之後，日記先由蔣經國保管，1988 年經國過世後，交由三子孝勇保管。1989 年 3 月，孝勇全家移民加拿大，日記隨之出國，1996 年孝勇去世，由其夫人方智怡保管。2004 年日記移美國加州史丹佛大學胡佛研究所保存。這就是蔣日記由臺灣經加拿大到美國的「出走」過程。

2006 年起，日記分三批正式開放研究。在胡佛研究所提供學者參閱的日記（1918-1972），多是藍色為底的影本，分年分月分卷提供參閱。日記中涉及相當隱私的部分先由蔣家人檢查作一部分覆蓋，原先預定 2035 年才會公開。學者參閱日記時，不能複印，也不能使用電腦，只能用手抄的方式進行閱讀，有學者戲稱此種工作是「史學研究的手工業」。蔣一開始寫日記便採用商務印書館的「國民日記」型式的日記本，二十四開，用毛筆行書書寫，每一頁大約可以容納兩、三百字。初期的日記，字體

大，字數不多，記載多半是個人的日常生活瑣事。1920
年代以後的日記越見豐富，抗戰時期蔣的日記，字體小，
同時上下「頂天立地」全部寫滿，字數當然增加。大約在
北伐五三慘案之後他的日記開始有「雪恥」一欄。1933
年 8 月日記分「雪恥」、「預定」、「注意」三欄，同年
7 月以後的日記，每週有一檢討，每月有一反省，後來甚
至於每年有「年終反省」，內容豐富很多。

　　從外型上看，蔣中正日記後來衍生出多種版本，事
實上，日記的版本應該只有一種，即是目前暫存美國史丹
佛大學胡佛研究院之日記原本的「手稿本」，其他所有與
日記相關的「版本」，都是由「手稿本」發展出來，以典
藏機構為區分，分別是南京中國第二歷史檔案館典藏的
《蔣介石年譜初稿》、《蔣介石日記類抄》與日記仿抄
本，以及臺北國史館庋藏《蔣中正總統檔案》中「文物圖
書」之「事略稿本」及《五記》等日記類抄。至於秦孝儀
主編《總統蔣公大事長編初稿》、日本產經新聞古屋奎二
編撰《蔣總統秘錄——中日關係八十年之證言》中之「日
記」內容，衍生自「事略稿本」、日記類抄等，不適宜獨
立看待。

　　南京中國第二歷史檔案館典藏的《蔣介石年譜初
稿》，即前述黃仁宇引用之毛思誠編《民國十五年以前之
蔣介石先生》的原稿，原名《蔣公介石年譜初稿》，已於
1992 年 12 月由檔案出版社出版。蔣中正少年時期曾隨毛思
誠學習《左傳》、《綱鑑》等，兩人關係良好，蔣於 1930

年代將早年日記、函電、文稿等個人資料交毛氏保管、整理。毛氏曾就相關資料整編為《蔣公介石年譜初稿》，於 1937 年 3 月印行時，改名為《民國十五年以前之蔣介石先生》。毛氏並手書跋語，敘述成書之經過：係「先生〔按：蔣中正〕以緘縢數具，親付收藏，檢其中所儲者。手卷也、日記也、公牘也，其餘雜存也，反覆披覽，悉外間所不克見，而為歷來珍祕之故楮，驚喜以獲至寶。於是什襲以庋之，次比以鈔之，益以公署檔冊，清閣書報，而稚齡故事，則多得於里社傳誦，時日致勤，綴成此編。」此外，毛氏並將蔣中正早年之函電、文稿等，整編為《自反錄》一書，與《民國十五年以前之蔣介石先生》，同為研究蔣早年事蹟之重要文獻。《民國十五年以前之蔣介石先生》之體例採「編年」與「紀事本末」體例而交互為用，依蔣中正經歷黨政軍大事，以歲月為經，以行事之推移為緯，復就其始終之間，舖陳本末，間且直接引用蔣日記，以理解其內心想法。書中有相當數量的資料來自於日記，但是在審閱、編訂的過程中，所引用日記在不影響原意的情況下，字句間頗有調整，與原稿略有出入。

　　南京第二歷史檔案館庋藏之蔣中正的日記仿抄本，有 1933 年及 1934 年兩年。日記抄本係照日記原件全文照錄，未加刪減，從史料價值上來看，可以與原始文件等同看待。

　　國史館所庋藏之《蔣中正總統檔案》，數量龐大，內容豐富，學界通稱為「大溪檔案」，為研究蔣中正一生

行誼之最重要資料，其中「文物圖書」之「事略稿本」，
是以蔣日記為主要資料編輯而成的大事長編，自 1927 年
至 1949 年，亦是日記未開放前，研究者所使用重要資料
之一。此外，「文物圖書」中，另有《困勉記初稿》、
《游記初稿》、《學記初稿》、《省克記初稿》、《愛記
初稿》等日記之類抄，係陳布雷主持「事略稿本」編纂時
期，由參與「事略稿本」撰寫工作之王宇高與王宇正等負
責輯錄。各記中摘錄日記內容的重點及起迄時間不一，
《困勉記初稿》摘記 1921 年至 1943 年間，處理黨政事務
的心迹；《游記初稿》摘記 1930 年至 1943 年間，於日記
中之記遊；《學記初稿》摘記 1931 年至 1943 年，於日記
中所記讀書心得；《省克記初稿》摘記 1915 年至 1942 年
間，於「雪恥」項書寫自省、自勵語句；《愛記初稿》摘
記 1926 年至 1943 年間，於日記中記對家人、師友、同志
的關愛之意。各記中的摘錄內容並非原文照抄，而是在不
失原意情況下的精簡抄錄。這套書合為《蔣中正總統五
記》，由黃自進、潘光哲再加整編，2012 年由國史館正
式出版。

　　此外，中國國民黨黨史館庋藏之《參謀長日記》原
稿，係蔣中正於 1916 年擔任中華革命軍東北軍參謀長時
期之日記，自是年 7 月 31 日至 8 月 12 日，共十三日，毛
筆親書於十行紙上，為目前所見最早的蔣日記。

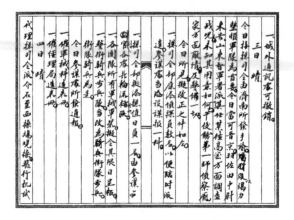

　　蔣記日記很有恆心，偶有間斷，常會自責，例如1928 年 10 月 14 日記謂「不記日記十日，如此放肆荒蕩，尚何論雪恥，更何論革命也！」蔣的日記為誰而寫？答案應該是為自己，因此真實性可以肯定。因為寫給自己看，故記載許多隱私，會有對人物苛刻的品評。早年日記中透露的是「荒唐歲月」，北伐以後躍為政治知名人物，雖然自許「昔以豪傑自居，今以聖賢自期」，到 1930 年代仍不諱言「制慾」（1936 年 5 月 9 日）、仍有「暴怒記過一次」（1936 年 5 月 1 日），「私到太平館吃鴿子，不正也」（1936 年 8 月 22 日）之類的記載。1921 年到 1932 年十二年間，蔣為行動失態、言語失檢、對人失敬，在日記中為自己記過十次。顯示蔣記日記大體有類傳統讀書人作修身養性自修工夫與治國施政憑藉、參考的味道，故眼光會逐步放大、放遠。五四之後他自言：「自思日記所記者，於人則怨尤，於己則牢騷，適足以彰心性之鄙劣；而

於世界大勢，國家成敗之時勢，多未記錄。其病由於褊陋，執拗太過也。以後當於高明廣大處用力為要。」1940年4月，他檢閱1927年記事，自認當時之軍事政治與文字反不如1926年以前裕如，「勢短機拙，並無遠大整個方略，怪不得何、白、程、朱等之背離也，於人何尤！」1930年後，他常檢讀過去的日記，亦本於自省工夫。這應是得之於宋明儒者「回勘」工夫的真傳。

## 私領域的蔣中正

　　蔣日記的確提供了蔣個人以及與民國史事相關的重要材料，也就是涉及私領域和公領域。先談私的部分，依據日記內容，他實在表現了一個平凡人的愛與恨、情與欲，以及一個青年人走向事業建立過程中的種種感受。他的記載相當真實，例如他與元配毛福梅家庭生活格格不入，他與妾姚冶誠的感情不洽，他在上海活像個火爆浪子，尋花問柳的風流佚事，遭逢青樓無情女的故事，[11]都不諱言的列入記錄。辛亥革命時他在上海擔任滬軍團長，「狎邪自娛，沈迷久之」，日記中不乏狎妓、賭博，樣樣皆來的記載。顯示一個都市年輕人的成長起伏過程，和許多人並無兩樣。

　　蔣的婚姻，除了元配以外，還娶妾姚冶誠，再婚陳潔如，生活並不如意，日記中有不少怨言。家庭生活的不

---

11　「蔣中正日記」，1919年5日18日，為青樓女子介眉，日記中有「青樓之無情亡義，不知害死多少英雄」之歎。

滿，導致他對中國家庭與傳統女性的抱怨。[12] 1920 年以後對宋美齡（日記中稱「梅林」、「三弟」、「三妹」）的追求，[13] 乃至日後夫妻生活，則予人親密的印象。

　　蔣年輕時期的日記裡頭又可看到他讀王陽明集、曾國藩書所受到的影響，顯示人格形成過程中讀書求知與自省，「天理」、「人欲」的鬥爭，一直在他心中翻滾。他自己深切知道脾氣暴躁，1920 年三十四歲時，他還自承驕矜、奢侈、暴躁是一生大病，所以要用「敬」、「靜」、「澹」、「一」作座右銘來克制。[14] 他的確不斷地注意自己個性的陶冶，雖然還不斷再犯。[15] 1921 年 6 月，蔣母王太夫人過世，蔣輓聯說：「禍及賢慈，當日頑梗悔已晚；愧為逆子，終身沉痛恨靡涯」，相當程度表現他年

---

12　1919 年 6 月，妾姚冶誠侍蔣母疾不慎引發母親動氣，蔣很有大男人主義的在日記中自歎曰：「中國婦女之心，現在決無解放之道，多少禍害由婦女而起，多少事業為婦女所敗，多少英雄為婦女所累也。自今以後，吾主張獨身自由，再不作此罪孽也。」見「蔣中正日記」，1919 年 6 月 23 日。次年 3 月 21 日的日記又因與姚氏相處不洽，大發議論說：「中國婦女只可言授其教育而不可急言解放。有教育則不待解放而自解放，如不言教育而先言解放，則中國男子受婦女之禍患，必伊於胡底。」

13　「蔣中正日記」約略證實了宋靄齡大力助成蔣、宋聯姻的事。1927 年 6 月 13 日日記說：「琳姊評余欠準備工夫，全憑臨時應付，此誠道著矣。」指的是蔣追求宋美齡事。

14　「蔣中正日記」，1921 年 1 月 18 日日記曰：「我之暴戾以靜字戒之，我之驕矜以敬字戒之，我之求名貪色以澹字戒之，我之雜亂紛煩以一字戒之。」

15　舉例來說，1917 年曾在張靜江家門前打過人力車夫，兩年後到居正家，車夫無理，居家人理論毆打，蔣竟加入戰團圍毆，甚至搗毀家具，「懊悔莫及」，「忍耐性絕無增長，養氣不足，客氣反盛，能不韜晦乎？」（1919 年 10 月 1 日）。但次年 9 月 3 日日記中，又有「車夫橫暴，痛毆一場」的記載。

輕時的自我寫照。

另一方面，蔣中正與宋美齡的婚姻一度成為政治話題，其後蔣宋夫妻鶼鰈情深，在日記中頗多記載。抗戰時期，1942 年 10 月 29 日，以為宋美齡體弱，恐有胃癌。11 月 2 日，宋美齡赴美醫病，蔣心甚抑鬱，不知此生尚有幾年同住耶。11 月 18 日宋美齡飛美，送別機場：「別時，妻不忍正目仰視，別後，黯然消魂，更感悲戚。願上帝賜予生育子女，默禱以補余妻生平不足。」11 月 19 日日記：「平時不覺夫妻熱，別時方覺愛情長，兒女情長又多一次經歷。」11 月 26 日，宋美齡抵美，入院蔣得悉夫人並無癌症，心始平安。

抗戰時期蔣夫婦一度頗受緋聞謠言之苦。1944 年 7 月 3 日，「妻甚以共匪謠言誣蔑我人格，損毀我道德，尤以色慾、外遇之流言最可慮。余唯有自反自信，不足為慮，且毫不為懷。」7 月 4 日，「決公開說明，制止謠言。」7 月 5 日，「下午五時，召集各院長及各部會高級幹部，與英美友好人士，約六十人，為夫人進行茶會，順便澄清流言。」7 月 6 日，「妻接匿名信，皆言謠言之事，有一函英人手筆，不只詆毀一個人，且對經兒之謠言亦以其在渝有外遇，且已生育孿生，以歸其外遇之母留養為言。可見流言不止發動於共黨，且有英美人士幫同。」7 月 9 日，「下午三時，送妻到機場巴西養疴。彼在機上，最後哭聲，聞之特痛，即余呼彼大令時，機門已畢，再不能聞其回音矣。」這些記載證諸 1940 年代寵臣吳國

楨的回憶，都屬事實。[16]

　　此外，蔣中正的日常生活相當規律，抗戰時期自訂春夏秋冬四季課表，他早睡早起，與夫人宋美齡的作息頗有不同；先因母親關係信佛，因此早期與太虛法師交往，後來因宋家的影響，成為虔誠的基督徒。他對故鄉有深厚鄉誼和宗族之情，因此常回奉化老家，主導修訂族譜，這與共黨領導人的作風迥異；他又喜車遊、遊山玩水，寫下的遊記有內涵又生動，很有傳統名士之風。

## 蔣中正的閱讀史

　　蔣興趣不廣、嗜好不多，閱讀與遊歷是其生命中最重要的休閒活動，尤以閱讀的影響甚大，從思想觀念的養成到家庭教育，以至黨政軍要員的訓誡都與閱讀有關，值得一提。

　　五四運動時期，中國知識界以辦雜誌、閱讀雜誌為時髦，蔣閱讀《新潮》、《新青年》、《東方雜誌》等雜誌，並閱讀《新村記》、《易卜生記》等書，思想跟著潮流走。

　　1920 年（三十四歲）1 月 1 日，蔣日記中提到預定全年閱讀的書目，除俄語、英語之外，研究新思潮亦列在其計畫之中，該年習俄語外，看《中國哲學史大綱》（胡適著）、《世界大戰史》、《軍制學》、《經濟學》、《杜

---

16 吳國楨手稿，黃卓群口述，劉永昌整理，《吳國楨傳》（臺北：自由時報，2004）。

威講演集》、《歐洲歐戰西北各地圖》，[17] 並以唐宋詩詞
與《水滸傳》、《儒林外史》等消遣，續看《通鑑輯覽》，
自唐肅宗朝起至卷七十二。對經濟學亦有興趣，1920 年 1
月 16 日日記云：「看經濟學，心思紛亂，以中國商人惡
習不除，無企業之可能。」[18]

　　1921 年（三十五歲），按日看《通鑑輯覽》，至 6 月
初終卷，居王太夫人喪期間，讀《禮記》。8 月後，誦《詩
經》，習英語。9 月 18 日，看《交戰及統帥學》。嘗云：
「欲使此心不紛亂，惟有依程式做事，循課表讀書而已。」

　　1922 年（三十六歲）2 月 19 日，看《交戰及統帥學》
終卷，接著看《胡文忠公全集》（第三次閱讀）。五月
後，點讀《尚書》、《六韜》，並讀《福爾摩斯探案》（在
孫中山蒙難艦中）、《洪楊演義》、《石達開日記》等消
遣。下半年看《蒙古地誌》、《新疆遊記》、《經濟學》。
《平均地權論》、《德國社會民主黨史》等書。8 月 23 日，
「至杭州到南天門探勝，般若陀菴觀魚，靜坐看經。」
〔筆者按：所看者應是佛經〕

　　1923 年（三十七歲），當年孫中山派蔣到蘇聯考察，
蔣除了看《西遊記》之外，開始閱讀馬克思思想的相關書
籍。自謂初始閱讀時覺得深奧難懂，多次閱讀後，興趣漸
濃，「樂不掩卷」。[19] 1923 年 9 月 24 日日記云：「今日

17　「蔣中正日記」，1920 年 1 月 1 日。
18　「蔣中正日記」，1920 年 1 月 16 日。
19　「蔣中正日記」，1923 年 9 月 24 日、10 月 18 日。

看《馬克思學說概要》，頗覺有趣。上半部看不懂，厭棄
欲絕者再，看至下半部，則倦不掩卷，擬重看一遍也。」[20]
10 月 13 日、10 月 16 日則閱讀《共產黨宣言》，對馬克
思及社會主義思想甚有興趣。

　　1938 年 1 月 16 日，讀《土耳其革命史》，自覺智慧
學識之欠缺，忍心耐力之不足，所以遭此困厄也。12 月 5
日，開始看《黑格爾辯證法》，隨後將該書指定為幹部應
讀之書。12 月 7 日提到：「革命鬥爭而不知辯證方法論，
如何能不失敗？」12 月 18 日，提到：「昨夜因晚餐後研
究黑格爾哲學太遲，故又失眠不寧。」後來他邀西南聯大
賀麟專門為他講授黑格爾哲學，幾到入迷的程度。[21] 1942
年，讀《宋元學案》。同時開始大量閱讀梁啟超的《飲冰
室文集》，包括《中國近三百年學術史》、《新民說》、
《李鴻章》、《先秦政治思想史》、《清代學術概論》、《盾
鼻集》等著。這一年，蔣主張褒揚梁啟超，付諸實行。這
是國府對梁任公遲來的褒揚令。

　　1943 年 11 月 29 日，赴開羅之行，看梁啟超《自由
書》，手不釋卷。日記中論梁啟超曰：「善變之豪傑一
文，乃顯示其為吾宗旨之政客自辨也。如梁專為學者，或
終生從事教育，而不熱衷政治，則其於國家民族之獲益益

---

20　「蔣中正日記」，1923 年 9 月 6 日、9 月 21 日、10 月 4 日、10 月 7 日、
　　10 月 9 日，及 9 月 24 日閱讀心得。

21　參見黃克武，〈蔣介石與賀麟〉，《中央研究院近代史研究所集刊》，
　　期 67（2010 年 3 月）。

多也。惜乎捨其所長，用其所短，至今猶不見為後人所不
齒。覽其著作，實多俾益於我民族之復興也。關於常識
者，尤卓稱也。」

戰後蔣日記中所列讀書者較少，因為來臺之初 1949
年下半年為力挽狂瀾常進出兩岸，1950 年雖復行視事，但
內外局勢險峻，眼疾及失眠問題也頗嚴重。除了努力研讀
克勞塞維茲的《戰爭論》外，1949 年 7 月 3 日，提到：「閱
毛製中國革命戰略問題，頗有所感，應研究今後剿共之戰
略思想。」[22] 7 月至 8 月中屢次提到閱讀毛澤東的論著。[23]

到底蔣中正閱讀多少書，王奇生在研究後也認為「難
以查考」。[24] 但他也提到：「1920-1940 年代的蔣日記顯
示，一般每年約讀十種左右，1920 年代看書較多，一般在
十種以上，多至二十餘種，1930-1940 年代看書漸減，一般
在十種以內，少則三五種。……筆者粗略統計，1919-1949
年間，蔣日記所記閱讀（含請專家講讀）書目近二百種，
其中中國古籍（經、史、子、集）八十多種，新書（清末
民國時期所著譯）一百多種，考慮到蔣未將所有閱讀過的
書都記於日記中，其實實際閱讀數量，可能多一些。」[25]

22 《蔣中正日記》（1949），7 月 3 日（臺北：民國歷史文化學社，
　　2023）。

23 《蔣中正日記》（1949），7 月至 8 月日記。

24 王奇生，〈蔣介石的閱讀世界——以 1920-1940 年代蔣介石日記為
　　中心的探討〉，「蔣介石權力網路及其政治運作」國際學術研討會
　　（中央研究院近代史研究所，2009.9.14-16），頁 410。

25 王奇生，〈蔣介石的閱讀世界——以 1920-1940 年代蔣介石日記為
　　中心的探討〉，頁 410。

　　根據筆者的統計，有記載者閱讀過（含請專家講演）的書籍約一百七十餘種。

　　此外，信仰成為其生活的一部分，日記中常摘錄《聖經》的部分條文自許，例如 1934 年 2 月 22 日，述耶穌語曰：「領袖當為群眾之奴僕」。5 月 4 日，曰：「耶穌信徒必須克己忍辱耐苦，日日背著十字架跟從耶穌即繼續耶穌主義，為眾人贖罪。」1935 年 3 月 20 日，書《聖經》語於雪恥項下曰：「受屈當忍，眼還眼、齒還齒，勿以惡人為敵，有人打你的左面，你將右面旋轉來給他來打，有人要劫你內衣，你連外衣也給他。」

　　每個人閱讀的習慣不同，蔣的閱讀習慣，除《聖經》是讀特別的篇章之外，大部分從卷首至卷尾逐字循序，一書讀畢始另看一書。其中受曾國藩讀書習慣的影響甚大，曾文正強調辦事讀書寫字皆要眼到、心到、口到、手到、耳到。蔣亦強調做事時，眼、心、口、手、耳五者，皆要齊來，專心一志，方能做好。

　　蔣雖不通英文，但亦想擴展其視野，因此努力學習新知，舉凡當時較重要的雜誌及思想，如馬克思主義、黑格爾哲學、《新青年》等都加涉略，無法閱讀原著則以翻譯作品為主。蔣閱讀馬克思社會主義的專著，並閱讀毛澤東的相關論著，被視為革命史觀，其實，閱讀馬克思的著作，是為了時潮，當時有些知識分子引介馬克思哲學進入中國，並成為許多青年人討論的焦點，蔣在 1920 年代即開始閱讀此相關著作自不意外，後來讀毛澤東的著作，確

實想了解毛的思想，以達知己知彼的目的。

　　1930年代蔣與北方知識界有接觸，特別請一些學者如翁文灝、蕭一山、馬寅初、馮友蘭等等到廬山講學。其內容包括社會科學、財經金融學、各國革命史等，特別是與中國有關的日本、俄國、德國等的歷史無不閱讀，閱讀許多各國歷史的專著，雖然不是精通，但至少不會毫無所知。

　　有些學者會將政治領導人物的閱讀作比較，蔣中正常會被與孫中山相比，王奇生認為蔣的閱讀不如孫中山，其實兩個人的教育背景不同，孫受完整的學校教育，從私塾到大學，從中國傳統到西式教育，並因奔走各國進行革命之聯繫，所見所聞較蔣為廣，往來於各國間，大部分的交通工具以船為主，閱讀成為孫在旅途的重要消遣活動，倫敦蒙難後在圖書館大量閱讀各種書籍，因此其所閱讀之書自較蔣為多且精，且以西方知識為主；反觀，蔣受新式教育後，雖赴日留學，主要以軍事為主，時間甚短，自擔任軍校校長之後，即任重職，奔波於國事，較無長時間空閒閱讀，即使下野回鄉亦為俗務所擾，讀書的量與深度無法與孫相比擬。然就一位近代領袖而言，已屬不易。與毛澤東比較，毛對經典知之熟稔，對傳統小說如《三國》、《水滸傳》等體會甚深，尤能活用；蔣也看傳統經典，然不脫宋明理學牢籠，對小說興趣不大。也許從讀書興趣還可了解兩人分途與成敗之由。

## 蔣中正的人才庫

一個領導人物的成敗，很重要的事是能否善用人才。可能受到曾國藩的影響，蔣的日記中透露他有「觀人之術」，但不必神準；也很想選賢任能，終不能滿意。蔣的核心幹部有幾個特徵，早期他權位未穩，需大老加持，因此多方尊崇革命元老及前輩，吳稚暉、張靜江、李石曾、蔡元培等人，在 1920 及 1930 年代都與蔣過往甚密，後來他對張、李、蔡不無怨語，惟獨對吳一路推崇。至於對同輩的革命黨人和政治人物，例如汪精衛、胡漢民、廖仲愷、葉楚傖、戴季陶、閻錫山、馮玉祥、李宗仁、白崇禧，他自認以謙卑自居。廖早死，葉、戴漸形「老朽」，對汪、胡、閻、馮、李、白諸人，終因與他有權力上的爭執，「武者以兵叛，文者以筆制」，於是有分有合，有些人雖可共事一時，後來多半分道揚鑣。後期他掌握的多是軍事機構，故絕大多數為軍人出身，黃埔軍校或保定軍校、日本士官學校所形成的「黃埔軍系」，如何應欽、王柏齡、顧祝同、陳誠，以及黃埔畢業生胡宗南、賀衷寒、鄧文儀等所謂「天子門生」。這些人來自不同省籍，多少顯示 1930 年代蔣用人已經打破地域格局，國家幹部和黨的幹部不限於浙江人，雖然侍從室仍有不少寧波幫。

另外，蔣的用人標準在日記裡頭可以看出他需要的是「效忠」與「服從」，在氣度上似乎不如孫中山。1931年後，他對孫科和周至柔很不客氣，主要是不能達到他的期望或違背他的主張，他日記中罵孫科是總理的「不肖

子」、「阿斗」；1941 年 4 月 28 日，「指斥周至柔，空
軍委員會拙劣虛浮，罪及周至柔。照理論應可槍斃十次之
多，其他幹部亦復如此。然暫時無人接替，仍不能不用此
劣下之人也，想念空軍與國防前途，不能不痛憤欲絕，奈
何。」蔣對人物的評語，有些批評是有先入為主的主觀看
法，不盡正確。例如他 1929 年初見西北軍叛馮（玉祥）部
將石友三，稱「其人沉著可教也」，委以討逆軍總指揮、
安徽省政府主席，不料這位「倒戈將軍」到年底即與中央
決裂，炮轟南京。這時蔣日記中說他：「浪（狼）子野
心，不可以人待也」。馮玉祥的另一部將韓復榘，在抗戰
初期擔任第五戰區副司令長官兼第三集團軍司令，因不戰
棄魯遭中央處決，當 1929 年投靠南京中央時，蔣接見他，
日記中稱道：「韓誠國家之寶也，其可愛較甚於余本人之
生命也。」可見對人前後印象的懸殊。至於文人部分，他
早期比較親近的是陳冷（景寒），後來重用政學系的楊永
泰（暢卿），抗戰時期與張季鸞過往密切。在親信之中，
邵元沖、陳果夫、陳立夫後來在政治、黨務方面有重大影
響力。抗戰前他重用黃郛，抗戰時張羣、宋子文、孔祥熙
多承擔方面任務，這些人有的是結義兄弟，有些是留日同
學，也有的是姻親關係。他在日記中常怨宋、批孔，多半
是起因於「金援」不如所願。他常自歎中國人才不足，
因此會向學術文化界「借將」拔擢人才，例如朱家驊、羅
家倫、俞大維、翁文灝、錢昌照、何廉、胡適、蔣廷黻、
王世杰、陳布雷等，學者從政，均曾長期或短時間，贊襄

政務；有些人出身技術官僚群，例如九一八以後，起用北洋外交圈的人才如顧維鈞、施肇基、郭泰祺、顏惠慶、王景岐等人；但是也有很大部分的自由派及左傾人士不肯為其所用。為蔣所用的自由派人士，例如胡適，從駐美大使、戰後受推為總統候選人至來臺出任中研院院長，他在蔣中正心目中的印象，時起時落，具見政治的現實。

北伐之後，蔣自謂深處在「前有猛虎，後有毒蛇」的險惡環境。日、俄外力的挑釁，內部武人、政客、共黨的阻難，使他備嘗政治的艱困。因此在蔣的日記中還顯現出他一直希望組織一個智囊團，以協助國政的推動。1927年之後，「黃埔同學會」角色耀眼。1932年2月黃埔學生賀衷寒、康澤、桂永清、戴笠、鄧文儀、滕傑等人所形成的「力行社」，宗旨上是「抗日鋤奸，為黨犧牲，嚴守祕密，服從命令」的「組織」，這組織多少受到時局的影響，性質上也不能否認法西斯主義的作用。「力行社」之外，在日記中還有所謂「青白社」、「四維社」的組建，從某個角度看有文武平衡、地域均衡的考量。蔣的領袖魅力多少是有軍人式的味道，注重威嚴，有些霸氣，對於核心幹部的培育當然有權謀的作用在內。

作為同一時代的權力競逐者，從北伐以後可以看到蔣對群雄所採取的策略，是兼採策反與撻伐的政策。過去很長時期有不少人知道蔣對不同軍系的處理方法，有使用金錢籠絡，有使用武力平息。1927年6月蔣馮（玉祥）徐州會議，逼使武漢政權敗北，馮是得到好處才採取立場

的。1928 年東北易幟，對張學良的交涉、對閻錫山的籠
絡；1936 年兩廣事件的平息，與桂系的服從中央，在日
記中都透露了以說客斡旋、以金錢策反的玄機。

## 政治是管理眾人之事

對於民國史而言，至今仍有許多重大政治事件的來
龍去脈猶待釐清，蔣的日記不一定能破解如中山艦事件如
何發生或西安事變如何結束這樣人所關心的謎題，但的確
有助於重大史事發展的了解。在此舉兩個例子：1931 年
湯山事件中的蔣胡（漢民）關係，與 1936 年西安事變前
後的蔣張（學良）關係。

1931 年的湯山事件，過去多半的人，透過胡漢民的
回憶，了解胡對蔣的怨懟，但極少人能知道蔣對此事的內
心折磨。1931 年 2 月為國民會議籌備事，蔣、胡因政見
不同，各走極端，2 月 15 日蔣的日記說「彼（指胡）以
司大令（史大林）自居，而視人（指蔣）為托爾司基（托
洛斯基）」，胡又詆毀蔣為「軍人」、「政治無能」，令
蔣極為在意。2 月底，胡被囚事件發生，引發廣東異動，
政潮洶湧，甚至引致日本軍方對華的覬覦，導致九一八事
變的發生，影響不可謂不大。這一年 5 月 4 日，在大老吳
稚暉的勸說下，蔣放下身段走訪還在湯山軟禁中的胡，蔣
日記中有這樣的描述：「今日以吳老之勸，往晤展堂，約
談十五分時。始見似甚不悅，中則互相含淚，終則似甚勉
強也。但為黨國統一計，不能不刎頸以交也，但余未有請

求其私語，亦不必要也。訪胡一事為余一生之至難能的
事，但訪後自覺欣慰，忍人之所不能忍、耐人之所不能耐
也。」胡事後並不領情。10 月，胡重獲自由，寧粵在上
海的和談，胡雖不居名，實乃粵方領袖。10 月 13 日胡蔣
在陵園會面，蔣不無歉意，日記中說「心自慚愧，神明泰
然也」。第二天蔣再答訪胡於孔公館香舖營，會談半小
時，蔣說「余以過去之是非曲直皆歸一人任之，並自認錯
誤，彼亦感動。」不過，胡未必完全諒解，蔣亦未全部釋
然。11 月 25 日，蔣得知胡的政治主張與南京中央仍不無
歧見，蔣在日記中憤憤的說：「胡逆之肉不足食矣」，可
見政治恩怨之易結不易解。

　　西安事變前後，蔣對於張學良的看法和態度很值得
玩味。在東北易幟之後的 1930 年 9 月下旬，蔣中正對張
在中原大戰中投向中央的行動感到滿意，事後即表示北方
之事雖中央決定原則，但以全權託張，不加干涉，張自是
心滿意足。其後蔣又表示要以「手足之情」相待，更勸勉
張要立志、立品、立行、立體，期望至深。到了 12 月 4
日，蔣接見張學良，日記中提到「與漢卿敘別時，托以萬
一我去後或死後之國事」，暗示張學良作他的接班人，顯
然對張相當器重。1936 年張學良剿共態度有點消沉，蔣
在 3 月 24 日的日記提到張對中共的態度「可慮」。他自
認了解張，故對事情的演變並不認為嚴重，至少不認為張
會藉聯共抗日對他不利。西安事變前的 10 月 22 日蔣到西
安，規勸張之缺點並「相晤慰勉」，期轉移張與東北軍之

心理。28 日對張「以誠意感之」，同時與張談話知道張對中共有所妥協，但蔣取「尊閻（錫山）禮張（學良）」之策，加以容忍。10 月 30 日他到西安東北軍官訓練團講話時，看到軍官受到中共影響，心中對張學良開始深感失望。11 月下旬，他曾經考慮過是否要東北軍調防，以防變亂，但後來未能調成。他知道張學良不願意帶兵剿共，感歎是「其無最後五分鐘之堅定力也」。12 月 2 日，他決定親到西安鎮攝，「生死早置度外」。12 月 10 日他到達西安，知已無可挽回。他在日記感慨的說：「對漢卿說話不可太重，但不加規勸於心不安。」同時指出張「此人小事精明，心志不定，可悲也。」

事變結束後，宋子文的確大力為其友人（張學良）緩頰，但蔣自認為了保全張生命不令回西北。且認為如張回任，為所欲為，挾其要求復叛，政府地位立即搖動。「彼所要求者，為中央在西北部隊一律撤退，此為其惟一之要求。如果放棄西北，任其赤化，則不惟國防失一根據，而且中華民族發祥之地，且陷於永劫不復矣。況西北動搖則統一之局全隳，經濟計畫無從實行，十年建設成績毀於一旦矣。」事變善後，蔣對楊虎城寬宥，不加譴責，勸其離陝辭職；但對張學良則難諒解，事變後次年的 3 月，蔣透露了另一原因是「張私先通匪之行為，近始發現，不禁憤燥係之。」這是不是說蔣中正知道張有申請加入共黨之事，仍不得其解，但這些記載既顯示了蔣對張的內心感受，也補足了以往研究西安事變所未能追蹤

到的蛛絲馬跡。

## 結論：功過之外的天空

長期以來，由於政治的對峙、國共爭雄之戰的敗北、海峽兩岸的分裂，導致對蔣中正的評價莫衷一是。1970年代之前，中共視蔣為「人民公敵」，國民黨以蔣為「先知先導」。1980年代之後，冷戰結束，大和解局面下，意識型態鬆綁，中國大陸學界對蔣評價的不同聲浪，乘社會上「民國熱」互為表裡；在臺灣，本土化加民主化，蔣由聖賢走入凡間，有時甚至因「去中國化」而掉入深淵。真令人有此一時彼一時之歎。

不過平心而言，從日記中的確可以看出蔣作為一個從「平凡人」到「領導者」的心路歷程，實無需刻意神聖化，也不必妖魔化。

蔣中正日記何以重要？讀過之後最大的感受：這是一套有血、有肉、有靈魂的資料。年輕時代的蔣，風流倜儻，也經營過股票生意。1929年8月25日記「妻病小產，其狀苦痛不堪」，破除坊間蔣宋家庭生活的諸多傳言，這些與蔣後來被「聖化」的刻板印象，並不相稱。可見這日記提供的不只是歷史的發展線索，更重要的是人性的揭露。歷史的研究本來就應該以人性作基礎，要作有「人味」的研究，這套日記正好提供了一份珍貴的材料。1970年代曾有美籍華裔學者陸培湧寫過 *The Early Chiang Kai-shek: A Study of His Personality and Politics, 1887-1924* (New

York: Columbia University Press, 1971)，運用心理學討論蔣的成長過程。如果能看到蔣的日記，相信這樣的研究成果會更加豐富。蔣的日記無疑地提供了非常多他親身經歷的重要歷史資料。

當然，大家對日記也不可期待過高，1920年代中期的清黨事件、1938年黃河決堤，甚至1947年的二二八事件（臺灣暴動）等，日記的內容都難於滿足好奇和需要。日記的開放研究固然不能顛覆過去歷史的書寫，但無疑地提供了非常多他親身經歷的民國重要歷史資料，補足了近代重大史事的來龍去脈。蔣個人在大陸與在臺灣走過「兩個中國」的歷史經驗、他和毛澤東歷史地位的比較、從不同時段和地區（外國與中國）出發的研究，都仍大有研究開發的空間。今後長時期、多元的研究與詮釋，當然還需要各種檔案的搭配與運用：國民黨大量原始資料的開放，共產國際與中國相關檔案的出現，王世杰、徐永昌、王子壯、黃炎培等人日記的出版，加上孔祥熙、宋子文、史迪威、魏德邁資料的佐證，新問題的提出、新成果的展現，一定會更豐富民國史的內涵。

承平時代的人物似較難見突破性的作為；急遽變化時代的領導人，往往比較可能凸顯他作為的正確與否、成或敗。用現在的話來講，公眾人物是應該可以被檢視的。國家領導人當然是屬於公眾人物。他的所作所為，不只是當下應該攤在公眾目光底下「被看」，事過境遷之後，需要後人——尤其是史家給予公正評價。20世紀民國的重

大變局中，從 1920 年代到 1970 年代，蔣中正可以說是時代「大人物」。他過世已經接近半世紀了，他日記的公開也接近了十七年。對他個人來講，雖然說「褒貶毀譽，一任世情」。但對於當代的「後人」，乃至於史家來講，評說蔣中正個人歷史的功過，它的時機已經成熟。「檢視」最後還是需要靠證據，除了檔案之外，日記作為可依據之史料，自然是最不可忽視的。

翻查蔣中正的日記，我們可以發現連篇累頁的記載著他在人生舞臺上自己的「獨白」。一如許多大人物，在舞臺上常常在四周的燈光打照之下，除了自己，看不到別人。在臺上有時一個人如同「萬人迷」，臺下往往寂寥難安。 1938 年，蔣在國民黨臨時全國代表大會當選「總裁」，名正言順的集黨政軍權於一身。在日記裡面他十分自得地說：對總裁責任，應當仁不讓。以救國與對外之道已無他法，此為最後一著，實與抗戰增加實力不少。而且他自我確定為黨國重心，無異以敵人的精神以及策略上一個重大的打擊。用現代政治學的角度來觀察，他的想法、做法可能有違「把權力關進籠子裡」，避免權力過分擴張這樣的準則，這可能是後來他落得「獨裁者」罵名的原因。但如果注意到蔣這時想要追求統一國家的目標，想要贏得抗日禦侮危機的應付，作為一個政治領袖，只能夠不斷地在日記中，寫出「無組織、無人才」這樣的慨嘆。其實我們後來者，似應該要具同情的理解他當時的情境。司馬遷的《史記‧伯夷列傳》裡面有這麼一段話：「貪夫徇

財，烈士徇名，夸者死權，眾庶馮生」，這可能是比較符合一般社會的常軌。

看過蔣中正日記的人。許多人都認為他在內政上，可以算的是一個「繼承性的創業者」。對定位為「師尊」的孫中山，他的觀點學說大體亦步亦趨，補充、超越者其實不多。但是在外交上，蔣個人在這一方面可算是有不同凡響的表現。這在許多歷史學家討論抗戰前後的外交問題，已經有非常詳實的敘述。

※　　　　※　　　　※

以上的敘述，說明歷史研究不能靠單方面的資料，也不應該用片面的方式論斷人物。也就是說，用想像的方式來看蔣，或者是帶有偏見來觀察蔣，都可能失之偏頗。不諱言，蔣只是「平凡人」，是一介平民走向軍界，走入政界。他一生具有東方與西方、傳統與現代，文人與武將之間重重疊疊不同色彩的人。他曾經希望超凡入聖，但卻是以「勝利的失敗」告終，世間常以勝負論英雄，短時期內，蔣的歷史評價，在對手方顯然不會忘說這樣的印記。客觀、公平的蔣中正評價，仍有待日記出版後的未來。

▼ 本文修改自呂芳上，〈《蔣中正日記》與民國史研究〉，收入周惠民主編，《民國史事與檔案》（臺北：政大出版社，2013），頁9-35。

# 1948／金陵王氣黯然收

王良卿
國立暨南國際大學歷史學系副教授

## 引言：劇變的時代

　　1948 年是國民黨統治中國大陸最後一個完整年份。這年，行憲政府依法組成，然而國共內爭轉入「戰略決戰」階段，南京政權的統治版圖繼續流失，政治社經情勢更加動盪，時移世易，讓人們有了「金陵王氣黯然收」的浮想。

　　去秋以降，國共兩軍攻守易勢，及至年末，毛澤東終敢斷定戰爭天平已經倒向共黨，聲稱「轉折點」出現。迴異於毛的樂觀預卜，蔣中正的 1948 年日記則是透露出相當糾結的心理狀態。年初，蔣一邊悲嘆「近日軍民心理動搖已極，無人無地不表現其悲觀主義」，一邊堅稱當前局勢和昔日困厄相比，並未更加絕望，如能「及時補救」，則「未始非轉危為安之機也」；不過，蔣以「竭盡人事」自誓自勉，對於時間是否站在自己這邊，其實缺乏把握，猶要自忖自問：「未知亡羊補牢，尚未為晚乎。」斯情糾結往復，恰恰折射了一位政治強人不輕易示眾的幽微寸衷

（綜見1月反省錄、2月上旬記事）。總的看來，我們閱讀這一決定性年份的日記，正可以「亡羊」之外在形勢為經，以「補牢」之內在回應為緯，交叉認識一位國家領導人在時代劇變下的猶疑與決斷，乃至個人的進退與榮辱。

## 行憲初始的另一種「內亂」

近代中國對於立憲政體的追尋多有挫折，然而知識分子不減信仰，持續要求「一個『憲政的政府』」，倡言「這是使政治上軌道的第一步」（蔡元培、胡適等，〈我們的政治主張〉，1922）。去年歲杪，《中華民國憲法》正式施行，誠可視為國民黨「以黨訓政」階段的結束，理當也是國家開新的里程碑，但就操作實務觀察，憲政體制之初設，既與黨國文化的賡續遞延而互為表裡，也和非常之動員戡亂體制共生共伴，其運轉未必立見康莊，遑論憲政主義之貫徹發皇。本年，中華民國政府依法定程序必須組成，咸視為憲政開展後的當務之急，不意中樞人事阢陧，所衍生的動盪甚至貫穿全年首尾，既挑戰蔣中正念茲在茲的領導威信，也削弱了蔣在戡亂時期格外要求全黨的剛性紀律，以及執政黨對於憲政價值的承諾。

回溯抗戰勝利後，朝野以「還政於民」為目標，加速推動制憲工作，也體現出黨際關係一頁博弈過程。最終，在中共及其盟友拒絕背書之下，主政的國民黨格外仰仗民社、青年兩黨共同參與，期能保證憲政新猷的正當性。及至憲法施行前後，民青兩黨的政治參與意志依舊高張，他

們指控行憲國代選舉不公，選舉結果尤其不符「禮讓友黨」
之意，由是針對行憲國大的召開，醞釀杯葛；至於國民黨籍
一批提名落選人，同樣燃起各式抗議、請願、喧鬧，其勢一
路延燒，至本年行憲國大召集開會而猶未息。這場國代資格
風波涉及敏感的黨際關係，和現實的地方政治生態，事不易
解，蔣中正則採取法理與政治兼行的手段親自仲裁，其實未
必滿足各方（3月24日至30日）。日記還可以看到，如
何妥適處理行憲國大會期裡的正副總統選舉及修憲問題，
同樣占據了年初以來蔣中正的泰半心神。

　　以蔣中正問事之勤，使命感之重，如何適應憲法規
範下的嶄新權力框架，頗受各界關注。統觀憲法本文，雖
然總統貴為國家元首，而中央政府體制仍算是「修正式的
內閣制」（張君勱，《中華民國民主憲法十講》），不免
對蔣參選總統與否，形成制約。對此，王世杰講得最是直
白：「總統如過分干涉行政院，則與憲法精神不合；但時
局如此危險，蔣先生如無充分權力，將不能應付一切。」
（《王世杰日記》，2月10日）至於蔣，則依違於前述
兩難，自記思慮行止，至少兩度反復。先是1月至2月，
擬推胡適參選，藉示民主雅量，兼收國際視聽，尤重美援
爭取。3月，約集陳立夫、陳布雷等，囑以「憲法與授權
總統戡亂緊急命令權」商洽各方，似又不辭仔肩，有意啟
動憲法程序，擴充總統權限（3月20日、本星期預定工
作課目〔3月21日前〕）。然至行憲國大開幕，又商請
胡適參選，而自願組閣「負責輔佐」，並記：「其非貫澈

此一主張無法建國，而且剿匪革命亦難成功也。」（本星期預定工作課目〔3月28日前〕、3月30至31日、4月1日）不過，囿於黨內意見兩歧等因素，終又回頭尋求擴充總統權限。果是，則必付諸國大討論。

兩年前各黨派協商制憲，即對國大存廢定位問題多有角力，最後雖予保留而職權已有相當刪削，部分國民黨員認為違反中山遺教，頗表不平。本年，行憲國大開幕，國民黨籍國代力主修憲，爭取國大行使創制、複決權等提案尤受注目，民青兩黨則持「護法」名義，齊力反對。蔣中正顧慮黨際關係，又慮行憲進程，遂主張兩年後再行召集國大臨時會繼續討論修憲各案，藉以羈縻各方，成功換取了《動員戡亂時期臨時條款》通過。臨時條款以增修條文方式，凍結憲法部分條款，擴充了總統行使緊急處分的權限，被蔣視為本次「國大最大功用」（4月18日），既為參選解套，同未決的修憲案一樣，更深刻影響了爾後的民國歷史。

行憲國代選出蔣中正為首任總統後，旋將國民黨人的宗派主義及對當局統制作風的反彈，帶進副總統選舉中。經七天四輪投票，北平行轅主任李宗仁勝出，直令蔣中正「心身徬徨」，自認「受一重大打擊」（4月29日）。國大閉幕後，行憲政府組成，又目睹立法院迭起政潮，認為從政黨員恣意伸張民主權利而無視黨紀黨德，心神鬱悒，意態已非從容，自記：「各種不測之變化，以及世態炎涼、人心澆薄，殊令人心灰意冷，甚悔當時不絕對

拒絕應選，以致有進退維谷之今日。」（5月反省錄）類似的低沉情緒，日記並非偶見。10月，聞監察院介入調查揚子公司案，更指黨籍立法、監察委員「一人一黨，每一黨員皆欲自作領導」，「幾乎令余無所措手足」（上星期反省錄〔10月16日後〕）。美國駐華大使司徒雷登（John Leighton Stuart）評論南京近況是來自蔣中正多年治理基礎的內在反叛，頗能呼應不少觀察家的見解，即在行憲中樞仍是一黨優勢的格局下，人們多半把南京圈子裡的混亂視作另種「內戰」，既是蔣領導威望的重挫，也是黨力失墜的證明，即令政爭背後還有若干關乎民主價值的隱喻，多半也被外顯的霧霾遮蔽了。

## 悲觀下的黨務改革

　　本年各界繼續催請南京黨政要津實行改革，國民黨員同倡自救，惟外在形勢變動之速，格外牽動蔣中正的決心與方向。1947年夏天，國民黨經蔣要求，以「黨團統一」之名，接納三民主義青年團成員，期待整飭步伐，承擔同時的「動員戡亂」任務。不過雙方幹部依然壁壘分明，證明統一流於形式。本年2月，蔣曾就「黨之改革及組織之研究」進行考慮，應是目睹內部紛歧，尋求再次更張的某種表示（2月27日）。其後，隨著憲政體制的運轉，國民黨組織遲滯、紀律不彰的缺點為之放大，黨團兩造積不相能、形同水火，尤其人所共聞。包括胡適在內，許多人相信國民黨員既然無法泯除宗派成見，則承認現

實，自行裂解為泛國民黨色彩下的某種兩黨競爭形式，要為不失迎合憲政之舉。對此，蔣保持開放態度。

蔣中正思考的黨務改革，除了改組黨部的老辦法外，分家也是一種途徑（本星期預定工作課目〔5月2日前〕、5月3日、5月26日），即：「對黨務十分悲觀，再無十全之辦法，只有分為兩黨，並將財產亦予以平分，使之無所爭、無所戀，早日分離，期其分道揚鑣〔鑣〕有補於國事，而余則可以早脫此濁衣。」（上星期反省錄〔7月31日後〕）8月初，國民黨中央召開「黨務座談會」，與會者各伸己是，自黨名更改、黨的分家與否，總裁制存廢，至國民黨究竟代表「誰」的問題，未得充分共識。日記中看到蔣中正承認黨務、財經、軍事都已敗壞，「實有不可收拾之勢」，最後仍決定暫時維持黨務現狀，優先推動財經重大改革，並稱：「一俟經濟改革有效，立即全力從事於軍事，以期有濟於黨國也。」（9月3日）顯示蔣在情勢煎迫之下，議題應對未必有輕重之別，而仍有緩急之分，俱見其權衡與拿捏者何。

## 崩壞的經濟

中國自抗戰中後期開始，出現惡性通貨膨脹趨勢，及至戰後愈發螺旋上升，中央政府祭出各式作為仍難奏效。本年，蔣中正約集財經高層多次協商，甚至預想新幣準備金來源、採用戒嚴手段以穩定經濟秩序等（3月12日、4月7日、6至7月記事）。8月，蔣以總統身分發

布「財政經濟緊急處分令」，推出以金圓券為中心的幣制改革，佐以嚴厲的經濟管制措施，自承「事急勢迫，不得不有此一舉」（8 月 19 日）。起初，蔣中正對一般民眾之「信任與擁護」、「金銀美鈔來兌新幣者皆擁擠異常」表示感奮（8 月 24 日、上星期反省錄〔8 月 28 日後〕），其實財政部隨即通令延長兌換金圓券期限，等於承認兌換未如預期，且已損及新幣信譽。另對蔣經國協助督導上海經濟管制以及拿辦不法商賈諸案，表示任怨任謗，「只有犧牲我父子，不能再有所顧忌」（9 月 4 日），等到揚子公司舞弊案發後，日記態度又見曲折：「經濟本為複雜難理之事，而上海之難更為全國一切萬惡鬼詐薈萃之地，其處理不易可想而知。」（10 月 9 日）另一方面，南京當局的財經緊急處分才滿兩月，各地搶購潮儼然末日景況，無市黑市亂象並陳，終於導致限價政策告停。是時，濟南、錦州、長春先後失守，遼瀋會戰開打，徐蚌、平津會戰將起，蔣「一俟經濟改革有效」的設想未逮實現，又將「全力從事於軍事」了。

## 瀰漫著失敗主義

1947 年秋天，共軍前緣進抵大別山、淮河，意味著將來長江中下游已有曝於火線之虞。本年共軍攻勢更為凌厲，從 1 月到 7 月，東北、華北、西北、華中等地均見烽煙，國軍只在豫東一役宣稱獲勝，然亦累及兗州、襄樊軍情。9 月的濟南戰役頗具關鍵地位，蔣中正為戰情憂惶

不置，仍體現出「事無鉅細」的領導風格，又以「人事太劣」總結敗因，誌感：「濟南失陷對外對內關係太大，有損於政府威信莫甚。政局、外交、經濟更為拮据，共匪必益猖獗，軍事尤為劣勢，自覺無顏立世矣。」（9月25日）其實蔣的感觸絕非無稽，根據前參謀總長陳誠日後的評價看來，經此一役「整個山東就全成了一塊死棋，而打通津浦，連貫南北，遂全然絕望」，此後國軍「顯然已成江河日下之勢」（陳誠，《陳誠先生回憶錄：國共戰爭》），也開啟了共軍所謂「戰略決戰」階段的序幕。

該「戰略決戰」階段係以國共三大會戰為核心，包括：遼瀋會戰（9至11月）、徐蚌會戰（11月至翌年1月）、平津會戰（11月至翌年1月），結果國軍精銳盡殲，合計折損一百五十萬兵力，而共軍取得東北全境、華北大部，甚至進逼長江天塹，震動京滬等大城。鏖戰期間，日記不僅詳錄戰報，也呈現了蔣中正與前線聯絡之梗概，及其作戰意志頑張，愈發未可屈撓等情。例如遼瀋會戰、上海經濟管制失敗，而徐蚌會戰繼起之際，國民黨要員就已論及國共和議、政府遷都等問題，蔣提醒：「余在世一日反共到底，則余何地即重心所在，不必以遷都與否為慮，更不必以南京之得失為意也。」（11月20日）又記：「近來環境之惡劣已極，此種刺激實為任何時期所未有，余亦屢萌生不如死之感，惟一念及革命責任與國家人民之前途，對萬惡共匪，若非由我領導奮鬥，再無復興之道，且深信有我在世，必能使我國家民族轉危為安。」

（11月23日）歷史學者注意到，不少政治人物常將一己生命與國祚命脈聯繫起來，進行某種話語的互訓，期能內化人心，構築非凡的領導形象與統治地位。無須諱言，蔣中正及他的政權未能盡脫此一「人工」操作範式，不過蔣對自我的認知、期待之深，幾近於一種宗教式的信仰，恐怕也全非「人工」造作所能解釋，前述日記敘事能提供深入考掘的機會。

這年冬天，蔣中正並不否認軍事形勢已惡化到相當嚴重的境地，但目睹南京黨政幹部「無一不生恐怖黑暗之心理，抱着其失敗主義彌漫於後方」（11月2日），仍再三宣示作戰到底的立場。先是交代陳布雷草擬所謂「戰時體制綱領」，未待完稿，聞陳自戕，自謂：「失此忠實同志，誠無異折我手足耳。」（11月13日）旋又繼續建構其戰時體制想像：「先開常務會議：甲、立法院授權總統案。乙、政府改組成立大本營，內設國務會議，包括五院及各黨派領袖，由總統任主席。……庚、全國宣布為戰時體制並戒嚴。辛、立、監兩院休會與否，由其自決。」如果這番構想付諸實現，等於凍結憲法，軍權將是支配戰時政治的最高角色，所以他也考慮讓肩負黨政聯繫功能的中央政治委員會休會（11月17日）。只是蔣的設想大膽，也趕不上時局變化。日記顯示，即使他想繼續伸張軍事抗衡的決心，然而前線全盤潰敗，人心普遍思和，黨內外氛圍已無法提供蔣行使權力的保證，也使得其下野與否，不再只是個人意願的問題，毋寧更是個形勢催人的局面。

## 波濤洶湧的裡與外

　　本年蔣中正主持下的涉外關係，仍以美國對華援助問題最耗心神，雖有所得，但未必符合期待，對美方主事者的怨望尤其溢於日記言表。去年以來，美國親蔣援華勢力活動愈發積極，他們反覆申說一個非共黨中國可能展示的地緣戰略價值，試圖影響輿論，也助成了本年《援華法案》（*China Aid Act*）的通過。不過這項法案仍是《一九四八年援外法案》（*Foreign Assistance Act of 1948*）的一部分，對華援助總值仍低於西歐主要國家，蔣甚不滿，曾明告司徒雷登：「今日之中國即等於歐洲之全洲，而且暹羅、緬甸、印度、越南、朝鮮等皆須以中國為樞紐。……而美國以全力援歐，對華之艱危則熟視無睹，無論以情以理皆非美國富於公理感之民族所能出此。」（8月17日）對美國務卿馬歇爾（George Catlett Marshall）要求國府提出改革藍圖，權充有限度美援的前提，雖私下懟其「無視責任，欺弱侮貧」，「推托於我政治、軍事之無能失效」（2月21日），仍明示以探索的意願，年初擬推胡適參選總統、行政院公布「十點自助計畫」等，都是相關思慮下的產物。值得注意的是，儘管美援實施未臻理想，然夏天《中美經濟援助協定》簽訂，行政院美援運用委員會、中國農村復興聯合委員會成立，反而對未來國府立足臺灣發揮作用，也顯示了看歷史的視角可以多元，未必「只爭朝夕」。

　　其實國共內戰數年之間，適逢美國政府形塑全球「圍

堵」秩序的初始階段，其動向必然與強權的冷戰想像互為
倚伏。本年春夏，蘇聯與南斯拉夫的衝突公開化，而南國
領導人狄托（Josip Broz Tito）持有的獨立自主路線，雖
被莫斯科視為離經叛道，卻給予西方世界不同啟發。秋
冬，美國國務院目睹南京政權的軍事失利、統治衰微，已
認為崩潰勢難避免，部分官員以防杜中國成為蘇聯附庸為
前提，期待中共一旦成立新政權後，能發展出亞洲版的
「狄托化」道路。蔣中正一邊自記：「美國人性情之浮躁
淺薄，其幼稚誠令人可歎，幾乎小學生之不知。其對中國
認識不足固無論矣，而其好聽共匪之虛偽宣傳，尤以深
信其周圍匪諜之謠諑，任匪威脅眩惑而毫不自覺更為可
笑。」（上星期反省錄〔11月6日後〕）一邊則動之情
理，對美提出新一波援助的要求，惟遭決策當局一體拒
絕。11月，宋美齡飛美，交涉未果，備極冷遇，與她六
年前那趟極富感召力的訪美之旅形成莫大反差。就在相關
情勢演變下，翌年2月，美國新任國務卿艾奇遜（Dean
Gooderham Acheson）發表了著名的「等待塵埃落定」講
話，對中國問題暫持觀望態度，南京再受衝擊。

## 等待第三次世界大戰

我們閱讀蔣中正日記，如果兼採較長時段的視野，
聯繫統合不同年代的敘事，可以發現這位領導人長期積累
而成的思維特徵與反應模式。蔣在1920年代崛起，躍為
全國中心人物的過程中，不斷回應各種內外挑戰，早已養

成審時度勢、待時而動的心得。及至 1930 年代，中國受制於日本軍國主義的進逼，蔣隱忍、苦鬥之餘，經常抒記來日或將爆發世界大戰的臆測，無非欲將中國與他觀察到的全球現勢合套，尋求國家脫困的契機。本年日記也呈現了類似的記載。

蔣中正一直關注冷戰時期的歐陸情勢。他非常重視本年英法荷比盧五國防禦聯盟（Treaty of Brussels）的組成，及與東歐集團並峙的意義，說道：「在遠處（不久的將來）、大處（整個世界）、高處（天理、人情、道德、精神以及基督教理）來觀察我的成敗，絕對有最後勝利之信心。」（雜錄：3 月 5 日）所謂「遠處」與「大處」，指的就是愈發真實的美蘇二元對立格局，乃至「美俄戰爭之遲速當在最近一個月內可睨其端」之判斷（3 月 18 日）。又將柏林危機在內的諸多不安動態，視為「大戰前夕之風雨表」、「第三次世界大戰之又增一重黑影矣」、「第三次世界大戰日近一日矣」（上星期反省錄〔4 月 3 日後〕、5 月反省錄、上星期反省錄〔7 月 17 日後〕）。更連動思索國內情勢，藉以增益信心，例如瀋陽防務：「決令堅守，而且世界大勢必將變化，不如沉機待時也。」（7 月 22 日）幣制改革與經濟管制前夕，自忖：「或能接續至明春四、五月之間世界形勢發展時，而免於崩潰乎。」（7 月 29 日）只是蔣所審度的國際時勢，已非抗戰／二次大戰時的經驗可以比附，此刻他所想像的大戰將起，及其預期捲動的國運休咎，都未盡符合國際冷戰

強權防避熱戰發生的根本邏輯。必須指出，蔣退至臺灣後，仍徐圖規復，仍有類似的主觀想像與冷戰大勢相剋的情形，值得合併觀察。

## 決心與自勉

　　1947 年 12 月，毛澤東說明當前形勢和全黨全軍的任務，聲稱共軍「革命車輪」已經來到「一個歷史的轉折點」，又以「這是一個偉大的事變」自況，其意氣之豪，學者郭廷以認為彷彿當年「北伐軍底定湖南時的蔣總司令」。其實歷史人物的窮通有時，讀者通讀蔣中正的 1948 年日記，或許也能同意，這是蔣主導民國政治前後近半世紀，刻正接近生涯谷底的關鍵一年。正因如此，本年日記藉由蔣依舊不懈的書寫，除了各類記事，當然也可視作一位國家領導人步履艱難之際，仍尋求自我對話與信仰撫慰的心志展示。日記可以閱世，尤可閱人，要透析民國在日後再起爐灶的歷史內在肌理，與治黨治國者一再疾呼「將革命事業從頭做起」的邏輯基礎，均不能不探索前此中國的炎涼世變，以及前此當政者的自我剖陳。凡此，蔣本年日記都提供了可貴的第一人稱視角，值得識者重視。

# 1949／是關鍵年代？
# 還是無關緊要的一年？

林桶法

天主教輔仁大學歷史學系名譽教授

## 引言：人物的縮影

　　如果將蔣中正的一生分為六個階段：崛起時期（清末至民初）、北伐時期（1925-1928）、統一訓政時期（1928-1937）、抗戰時期（1937-1945）、國共內戰時期（1945-1949）、臺灣時期（1949-1975），這六個時期各有其事功，亦有不同的評述，然在北伐及抗戰兩個時期特別值得肯定，一是以較少的軍力創造了形式上的統一，結束民國以來的分與合的政局，一是以較落後的武力打敗了軍事強權的日本，樹立了民族主義的典範，或許這兩者的成功不完全都靠蔣一個人的努力，其中有太多外力的加持，但蔣的毅力仍然是極重要的關鍵。蔣在中國大陸時期不論是北伐或抗戰，甚或對於教育與新生活運動，都有不可抹滅的功績，然而由於國共內戰的失敗，中華民國政府遷移至臺灣，蔣中正在民國史的貢獻被忽視。至於遷臺後的事蹟，在國際現實主義下排除萬難穩定臺灣局勢，力行黨政軍的改革實有成效，但在二二八事件及白色恐怖事件

被無限放大下，蔣成為權威領導的縮影符號，如何評述其一生成為許多學者討論的焦點。

## 第三次下野

1949 年可能對某些人而言是無關緊要的一年，[1] 但對蔣中正及移居臺灣一百萬左右的人民或民國史的發展而言，絕對是一個關鍵的年代，呂芳上認為：「此期間1949 年的變局：中共建國、中華民國政府播遷臺灣、加上接著發生的韓戰，造成斯後半世紀海峽兩岸的長期對峙，實是歷史上的一大轉折。」[2] 對蔣而言，1 月 21 日宣布下野，4 月 21 日中共渡江，4 月 25 日離開奉化溪口，來臺後蔣繼續奔走於兩岸，並繼續尋找國際支援，7 月 10 至 13 日訪問菲律賓，與菲總理季里諾（Elpidio Quirino）舉行碧瑤會議，8 月 5 日美國國務院發表「中美關係」白皮書。10 月 1 日北京「中華人民共和國政府」宣告成立。10 月 25 日，共軍進攻金門，登陸古寧頭，遭國軍圍攻；27 日，共軍敗退，是為古寧頭大捷。12 月 8 日行政院召集緊急會議，決議遷都臺北，在西昌設總指揮；9 日，正式在臺北辦公。面對詭譎多變的局勢，蔣的心情寫照為何？日記提供許多珍貴的紀錄，可以提供研究此關鍵年代

---

1　黃仁宇的《萬曆十五年》，該書的英文原名為《無關緊要的一年》（*1587, A Year of No Significance*），中文版為《萬曆十五年》（臺北：時報文化，2000）。

2　國史館，《1949 年：中國的關鍵年代學術討會會論文集》（臺北：國史館，2000），呂芳上序。

的參考。

　　延續過去的政局發展，國軍在三大戰役中逐漸敗退，蔣對於黨政軍及人事制度深感失望，基於各方的壓力及對局勢的考量決定引退下野，1 月 21 日發布引退宣告，自記：「只覺心安理得，感謝上帝恩德，能使余得有如此順利引退，實為至幸。」蔣下野後中國領導呈現三頭馬車的現象，一是李宗仁所代行的總統府，二是孫科所領導的行政院，三是蔣中正所統御的國民黨，其中又以蔣中正的影響最重要，蔣雖下野，但仍任國民黨總裁，下野居住地奉化溪口儼然成為決策中心，許多部屬紛紛前往溪口請益，往來電文不斷，蔣對於各方請示亦給予電示。如 2 月 20 日接見青島第十一綏靖區司令官劉安祺時指示青島撤退事宜；聞海軍軍艦重慶號投共，認為是海軍之奇恥大辱，3 月 3 日記曰：「重慶艦已入煙臺港內，復回無望，只有炸沉而已。」由於李宗仁積極推動與中共的和談，3 月 10 日函李宗仁無論為戰為和，必使內部團結對外，蔣深知中共之企圖，內心持反對和談之態度，當行政院決定派邵力子、黃紹紘、張治中、章士釗、李蒸等為和談代表時，3 月 24 日記曰：「其為十足投降代表，但共匪是否接受其投降是一問題。」接見張治中時說明如政府代表團加入劉斐，其可趁機退出和談，但張未接受。3 月後局勢每況愈下，國共北平和談毫無結果，中共於 4 月 21 日正式渡江，蔣深覺：「國家至此，大部責任應由若輩與桂系謀叛自私而成也，可痛之至」。對於首都南京陷落，認為又一

次蒙受莫大恥辱，唯有另起爐灶，4 月 25 日拜謁母墓離鄉，然希望諸將領仍須固守廣州、廈門、上海等各海口與共軍周旋到底。尤其是上海，蔣認為是國際觀瞻之所在，致函湯恩伯固守到底。其後上海局勢危殆，蔣於 5 月 17 日飛抵馬公，5 月 25 日自馬公飛岡山轉高雄壽山，此次離家再也無緣回溪口，臺灣成為他晚年的歸宿。

## 力挽狂瀾終不成

中共渡江後加緊對上海及華南的進攻行動，上海等地相繼為中共所佔，李宗仁自中共渡江之後以身體及其他理由規避負責，蔣為力挽狂瀾，一方面與行政院長閻錫山商討政府往後施政方針、手諭陳誠加強臺灣防務、召開東南區軍事會議，鞏固軍心，並開始黨務改革，召開非常委員會強化黨權；另一方面奔走於國際，7 月訪問菲律賓，11 日與菲國總統季里諾發表聯合聲明，蔣記下：「故中、菲所發起之聯盟，只可先稱為遠東聯盟，即以中、菲、韓為主體，先由三國自動組織，一俟有效，再行逐漸擴充成為太平洋聯盟也。」然美國基於利益與現實主義的考量下，已不再支援中華民國政府，8 月 5 日美國國務院發表「中美關係白皮書」（The China White Paper），深感：「今日美國發表對華白皮書，實為我抗戰後最大國恥也。」6 日又記曰：「對美國白皮書可痛可歎，只對美國國家之強權無理，不僅為其美國痛惜，不能不笑其幼稚無智，自斷其臂而已。」進而電美國共和黨眾議員周以德

（Walter H. Judd）要求研究如何糾正其錯誤。

10月1日中共在北平成立「中華人民共和國」政府，蔣仍保持樂觀的態度，上星期反省錄中認為：「共匪偽政府之成立，是增加我宣傳之力量甚大。彼匪倒行逆施之所為，行見其自斃之日不遠矣，故余於此但有樂觀而已。」但對於蘇聯承認中共政府也表示憂心，10月3日記曰：「今後俄、偽必訂立其軍事同盟，供給其空軍與海軍，則我軍更處劣勢，此為最大之顧慮。」戰事不利國軍，東南據點逐步為中共所佔，此間唯一較大之勝利是10月25日至27日打退共軍侵略金門古寧頭之役。其在電夫人宋美齡報捷時提到：「此種澈底之勝利實為兩年來之第一次也，而且對於臺灣防務更可堅固無慮，軍民皆可增加信心。」[3] 此時降共者愈來愈多，軍心不穩，蔣仍不放棄固守大陸各要點，頻繁的往返於大陸與臺北之間，一再催促李宗仁必須回渝主持大局，並要求西南各將領務必反共到底，12月猶親自坐鎮重慶、成都等地，隨著局勢發展，7日決定政府遷都臺北，大本營設於西昌，成都設防衛司令，8日記曰：「此一部署完成，則余對西南較可安心。」期望穩定西南政局，但盧漢、劉文輝等相繼投共，深自反省，10日記曰：「小子粗疏，太不警覺儆醒矣，近月以來。逆盧言行早露叛跡，如及時防範或趁早解決，猶易為力，奈何一誤再誤，冥頑不靈如此也。」只有期望

---

3　「蔣中正致宋美齡電」（1949年10月26日），《蔣中正總統文物》，國史館典藏號：002-020400-00029-089。

胡宗南能支撐大局，但終不可期，留下許多感傷與遺憾，渡過「最黑暗、最悲慘之一年。」（10月31日日記），最後在年底的反省錄中批判李宗仁、白崇禧、第三勢力之毀國誤事，也提到軍事、外交等的困境，這一年中值得慶幸的只有總裁辦公室的成立、革命實踐院的設立與臺灣幣制改革的啟動等三件事還堪安慰。

## 新生的力量

　　就總裁辦公室的成立而言，蔣中正在溪口靜處時，已有建立健全幕僚機構之成議，6月10日，始由俞濟時、蔣經國、陳舜畊、曹聖芬及周宏濤等五人，遵奉蔣中正指示與參酌今後工作情況，擬訂侍從機構組織呈報，6月16日修訂一次呈核，原定「總統秘書室」名義，後基於方便對外接洽之考慮而易名為「國民黨總裁辦公室」。6月25日，蔣中正電告廣州中央黨部秘書長鄭彥棻，謂「茲為中工作上之需要，於7月1日起設置總裁辦公室，隨同工作。」[4] 鄭秘書長收到後，經提報6月30日中常會備查。8月1日在草山（陽明山）總裁辦公室正式辦公。蔣中正親自網羅一批才智之士，共籌復興大計。就功能言，可概分為兩部分：一為協助總裁決策者，初名「顧問研究會」，後改稱「設計委員會」；二為辦理業務者，初分黨政、軍事、新聞、警衛、研究、人事、總務等七組，後來

---

4　《中國國民黨第六屆中央執行委員會常務委員會第二百次會議記錄》，中國國民黨黨史館，檔號：6.3/205。

增加經濟、秘書二組，人事組改為資料（情報）組，合共九個組，各司其職。兩大部分之間，仍以能相互連絡配合為原則。觀其人事、組織及制度，多傳承自抗戰時期軍事委員會之侍從室。

　　蔣中正來臺後認為過去失敗最大原因，在於中國國民黨從成員、組織到領導精神渙散，冀望重新培育人才以挽回局勢，以因應反共戰爭的需要，為強化中國國民黨黨員的「革命」精神，重整「革命」隊伍，蔣中正認為必須建立高級訓練機構，以發揚革命精神。乃下令籌設，於7月26日核定名稱為「革命實踐研究院」，10月於臺北陽明山成立，由國民黨總裁蔣中正擔任院長，萬耀煌為主任，教育宗旨為「恢復革命精神，喚醒民族靈魂，提高政治警覺，加強戰鬥意志」；教育實施強調理論與實踐的結合。革實院下設八組及設計委員會，10月16日，正式開學，蔣以「革命、實踐、研究三個名詞的意義和革命失敗的原因」為題發表演講。蔣說明成立研究院之意義，在使受訓幹部，厚植踐履篤行之志節。初創時期之宗旨，在培訓反共建國的鬥士，課程以政治、軍事為正課，並依循蔣中正手訂「講習要旨」，以研討軍事、政治、黨務三大改革方案。輪流召訓黨政軍幹部，受訓時間為一個月。各期研究員入院後，院長分批召見，個別懇談，詳詢生活、家世、課業、志趣等。彼輩於耳提面命，親受精神感召後，奮發雪恥圖強之理念，自立、自信、自強精神充分

激揚。[5]

　　黃金運臺與新臺幣的改革，起因於 1948 年底政府制定的金融改革計畫失敗，然中央銀行已收兌許多黃金及白銀，為確保這批黃金、銀圓的安全，決定運至臺灣保存。1948 年 10 月初東北局勢惡化，蔣幾次接見俞鴻鈞，已開始作運臺的佈署，1949 年 1 月 10 日蔣中正派蔣經國拜訪俞鴻鈞，希望俞將中央銀行現金移存臺灣，以策安全。15 日，再度接見俞鴻鈞，根據蔣經國的日記：「父親約見俞鴻鈞、席德懋二先生，指示中央、中國兩銀行外匯處理要旨，蓋欲為國家保留一線生機也」。[6] 蔣對於運臺黃金的處置甚為慎重，令曹秘書長（聖芬）見林蔚文、陳誠，指示黃金運用三原則：甲，必須用於剿共之軍費，乙，仍為改革幣制之基金，不宜過於分散，丙，運存地點必須比臺灣更為安全。切勿為中共所劫奪，或送解於中共之手。

　　這批黃金的最重要的用途，其中之一是撥交臺灣銀行作為臺幣發行準備金，分別於 1949 年年初及 6 月左右總共撥八十萬兩（大約五千萬美元），到 1950 年底，總共耗去三二一萬餘兩，有助於穩定新臺幣，蔣經國提到：「政府播遷來臺初期，如果沒有這批黃金來彌補，財政和經濟情形，早已不堪設想了，那裏還有今天這樣穩定

5　　呂芳上，〈蔣中正先生與人才培訓：革命實踐研究院的創辦與初期發展（1949-1969）〉，收錄於呂芳上編，《民國史論》，下（臺北：臺灣商務印書館，2013），頁 1662。

6　「蔣經國日記」，1949 年 1 月 10 日及 16 日。

的局面。」[7] 政府遷臺初期的金融穩定，除了美援的因素外，運臺的黃金確實發揮穩定的效果。臺灣在 1948 年開始也面臨通貨膨脹的問題，1949 年 1 至 6 月，物價上漲 1332%，平均每月上漲率高達 222%，自從實施幣制改革後，開始下降，但 1950 年 5 月似乎還未見成效，蔣中正在 1950 年工作反省錄提到：「自去年臺幣改制、充實基金以後，本年五月間金融穩定，未有重大變化。」但 1951 年年中通貨膨脹趨緩，年底通貨膨脹完全結束，自以黃金運臺用於發行新臺幣的準備金有關。

## 追求接近真歷史

　　近幾十年來，日記被視為一手史料，近十餘年來以日記作為主題或文本的研究如雨後春筍，但使用日記者必須對記主有全盤的了解，包括書寫的習慣、誠實度與記載內容等。1949 年蔣日記，雖只是眾多日記的一年，但從中應可得知其內心的思想與面對世變中的態度。然日記畢竟所記有限，如能對照這一年的往來電文、《事略稿本》、演講內容及其他重要黨政軍人士的日記，如《胡宗南先生日記》、《陳誠先生日記》、《王叔銘日記》、《吳忠信日記》等資料進行比對才能釐清更多的問題，以張治中等赴北平進行和談之前曾至溪口請益，《張治中回憶錄》、《蔣經國日記》、《蔣中正日記》所記的內容就不

---

7　蔣經國，《我的父親》（臺北：正中書局，1988），頁 66。

盡相同，張治中提到：「由於這八天來的盤桓，我們用盡種種委婉的言詞來和蔣談，培養大家的感情，後來蔣的態度就緩和多了。臨別還送我們下山到溪口，並一直送到寧波機場上飛機，歡然握別。」[8] 蔣經國則記到：「張治中到溪口來，得不到好的結果和反應，今天就悻悻然地走了。」[9] 蔣中正 4 月 2 日，上星期反省錄：「南京求和代表團已到北平，未開始談判而已受其輕侮與污辱，殊為文白也。而彼始終以共匪為可與，而不信余之警告及反對其克任代表之忠言，惟有聽之。」到底蔣、張會晤的情況如何？似乎從這三則記載中難以判斷，但如果前後對照蔣中正對於和談的態度，應可判斷張治中並未獲得具體的允諾。可知資料佐證的同時，前後日記對照甚為重要，也只有這樣，方能達到歷史學家追求接近歷史真的目標。

---

8　張治中，《張治中回憶錄》（北京：文史資料出版，1985），頁 790。

9　「蔣經國日記」，1949 年 3 月 20 日。

# 1950／九局下半的逆轉勝

李君山

國立中興大學歷史學系教授

## 引言：轉危為安

1950年，蔣中正已六十四歲，若以今日標準，早是「屆退」之年，他卻剛要「重起爐灶」（3月15日日記），心境之複雜，自可想見。這一年是臺澎金馬新「疆域」的形成階段，蔣除了舟山一行（以及日後大陳巡視）之外，餘生即在此中活動，所以也是他一生中，具有分水嶺意義的所在。當然，由於6月韓戰爆發，美國第七艦隊開始巡弋臺海，「兩岸分立」格局正式奠定，其私人際遇與國家命運，同見轉折，更是史書所不能闕載的一年。

這一年，約可以蔣中正「復行視事」（3月1日）、韓戰爆發（6月25日）和中共「抗美援朝」（10月25日）三個時間點，切割成四個階段。第一階段是歷史低點，為時雖僅二個月，卻屬險象環生。第二階段是復出執政，為時大約四個月（3月至6月），島內權力已迅速集中。第三階段是韓戰初起，為期亦約四個月（7月至10月），美國「臺海中立化」政策，為臺灣地位帶來了挑戰。第四階段是中共參戰，時在年終最後兩月，北京政權成為聯合

國公敵，中華民國在臺灣，才真正轉危為安。

## 從谷底反彈的力量

　　1950 年開春，承繼前一年底的挫敗走勢，政治、軍事、黨務、外交各方面，均呈混亂狀態。蔣在臺坐鎮，時有力不從心之感，憤而手擬「中國存亡與東方民族之自由獨立之成敗問題」，誓言「如果革命失敗，臺灣淪亡時，必以身殉國，則不必再另有遺囑矣」（1 月 15 日日記）。心緒之惡，至私自立願，即平生所好之平劇，「如不收復北平，此生不再觀平劇矣」（1 月 10 日日記）。

　　儘管力圖挽救，但外援不來，「美、俄、英各國政府皆以倒蔣扶共、滅亡中華民國為其不二政策也」，「國際環境險惡已極，國家前途更覺渺茫，四方道路皆已斷絕」（1 月 27 日日記）；兼以內部離心，「近日受外國侮辱與桂系卑劣無恥，刺激異甚，故心神褊激，時發惱怒，腦筋亦時有刺痛」（2 月 4 日後上星期反省錄）；「每對黨員自私鬥爭、不顧大體，而對廣西子之無恥貽醜，不禁怒氣如焚，時生怨恨」（1 月反省錄）。

　　與團隊溝通，原非蔣之長項；踽踽獨行，更難免心焦口急。東南軍政長官陳誠，是其人事問題之最急。為了國軍恢復政工制度，1 月 12 日兩人矛盾浮現，[1] 陳誠又與

---

1　1 月 12 日日記：「辭修發言，面腔怨厭之心理，暴發無遺，幾視余之所為與言行皆為迂談，認為干涉其事，使諸事拖延，臺灣召亂，皆由此而起。聞者皆相驚愕，余惟婉言切戒，以其心理全係病

臺灣省主席吳國楨積不相能，稍後陳誠組閣，吳以財政部長人選（嚴家淦）不能與其省府合作，要求自兼部長。蔣判斷「其多半當受美國在臺之使館人員之影響也」（3月11日日記），心滋不懌，最終仍照原定名單通過。

「外省」高層不合，又影響臺人參政角色。先是1月間，吳國楨出長省政，所用人事發生糾紛。蔣中正介入，判定「辭修矜持，國楨惱怒，臺人兩派各走極端，尤其是在此外交不利、情勢急迫之際，臺人乘機要脅，趁火打劫，要求臺省主席由臺人任之等事，令人痛心」（1月18日日記）。最後決定調換民政廳長蔣渭川與臺北市長游彌堅兩人，風潮始息。惟至年底，仍憂慮，「臺灣人士派系競爭，不能和協」（本年工作反省錄）。[2]

面對紛亂，早自年初，蔣已在思考統一事權之方：「惟有親任陸海空軍總司令（而不復總統之位），以軍法治理臺灣為反共基地，澄清現局。惟此必為美國反蔣派藉口法西斯復活，然亦無所顧及矣。」（1月14日日記）結果2月初，行政院長閻錫山傳出辭意，意外扣響了層峰權力轉移的扳機。13日，已胸有成竹，「此次復出主政，

---

態也，故諒之」。

2　臺人問題，又牽涉美國操弄。6月29日日記曰：「深鑒於美艾對華之毒狠與仇恨，非將臺灣淪陷共匪，或使臺民歸附美國，驅逐中國政府，則其心不甘。此一毀蔣賣華之政策，仍作其最後之掙扎。……仍故意加我極端之侮辱，與煽動臺民反對政府之毒計始終不變，必欲貫澈其助共滅華之陰謀，……何上帝必欲生此壞蛋，而苦我中國一至於此耶？」美艾即美國國務卿艾其遜。

對於軍政、經濟制度、政策、人事組織以及本黨改造方案
皆未確定」,「故於此十日之內,必須積極準備」(2月
13日日記),只剩復位程序難以周全的顧慮而已。

　　不料此時,竟傳出美國總統杜魯門(Harry S. Truman)
與中華民國代總統李宗仁,相約在白宮會宴的消息,蔣之
「怒氣如焚」可以想見。26日決意,「無論廣西子態度
如何,決於三月一日復位視事,否則夜長夢多,徒為無
恥之徒多留作祟之餘地,不可不速決也」(2月26日日
記)。然而重返權力的成敗,關鍵操於華盛頓方面的態
度。經過兩天的忐忑,3月3日得知:「疊接美國對桂李
不同之消息,最後其國務院正式發表中國總統為蔣而非李
也。……接我政府正式通知蔣總統復職之照會,乃即依政
府之照會辦理云。於此桂李無恥與荒謬之言行,當不能生
效矣」(3月3日日記)。長達二十餘年的蔣李糾葛,至
此也終告塵埃落定。

## 復行視事的高壓與低壓

　　前一階段,蔣中正沈潛之際,已決意「集中力量,
以挽救危局於萬一」、「以軍法治理臺灣為反共基地」,
所以復位前後,亂世重典、雷厲風行;再加上臺澎金馬海
島隔絕、地理封閉,內外形勢使得他的權力迅速超越之前
任何時期,也在臺樹立了爾後三十八年的所謂「威權」統
治,成為中華民國政治史上的重大發展,其利弊至今猶受
論者的反復剖議。

　　蔣自前一年「引退」之後，雖僅保留國民黨總裁頭銜，惟情治單位之控制，顯然未稍放鬆；儘管不合體制，國防部保密局長毛人鳳依舊向他報告各案。所以復出前夕，他便以「通匪有據」逕令逮捕國防部參謀次長吳石。執政以後，法網更加嚴密。見諸日記者，便有洪國式案、李朋案、黃玨黃正姊妹案、蘇藝林案、陳儀案、「新臺公司」（沈鎮南）案、李鴻、彭克立、陳鳴人案、王哲甫案、李玉堂案、山地與偽省黨部案等。

　　上述各案中，吳石、陳儀逕成枯骨；黃案、沈案、李彭陳案則皆牽蔓陸軍總司令孫立人，難免給人「項莊舞劍」之感。甚至年杪，還發生蔣臨時進駐鳳山陸軍官校，召集「教導總隊」官生訓話的事件，認定「該校前身為孫立人所辦第四訓練處，內情複雜異常，今日入校訓話認為冒險之舉，尤其是教導總隊官生之複雜更甚，但訓話一小時，平安如常」（11月5日日記），根本視同敵國，孫之結局實可預卜。

　　或許由於美方宣傳，使得蔣中正深信共軍暑期必將攻臺，[3] 以致急急撤守各外島，卻又因此引來內外諸多不安。4月底海南島撤退，時任防衛總部副總司令的李玉堂，抵臺後旋因「期約降敵」嫌疑被捕，記曰：「李玉堂之通匪、窩匪，今後知愚庸者萬不可信任也」（10月13

---

3　「本年工作反省錄」曾含恨指出：「其代表斯窟郎〔師樞安〕揚言我政府經濟六月間必然崩潰，共匪七月間必將進攻臺灣，中央政府命運決不能延續到七月以後也」。

日日記）。李的黃埔一期同學，也是防衛總部的另一位副總司令李鐵軍，竟在撤來途中，「強迫運艦駛至香港附近，落海潛逃」，似知來臺將有不測。蔣聞訊曰：「是其過犯太多，恐加究辦也，殊為痛心」（5月6日日記）。

　　權力集中的高壓，也帶來黨政軍內部的低氣壓。5月，蔣執意自舟山群島（定海）撤退，參謀總長周至柔與陳誠同聲反對，至私下怨請撤銷國防部。政策討論漸轉意氣之爭，15日，舟山撤退啟動，蔣仍難釋懷，召見空軍副總司令王叔銘，得知周始終消極、陽奉陰違，怒曰：「殊為心痛。高級將領之虛偽而兼愚拙，如此黨國焉得而不危亡，奈何。」（5月17日日記）日後又記：「至柔自私而忘其根本，不顧國家，竟據空軍為己有，一切措施如皆以私為出發點，則將公私兩敗，應有以矯正之，以成其全也」（8月19日後上星期反省錄），下筆已至「公私兩敗」、「以成其全」，周之處境，實際也是岌岌告危。

　　軍政關係扞格，黨政關係同見緊張。復行視事伊始，整頓民代、黨部，無疑便是蔣中正的方針。3月4日，為陳誠出任閣揆，立院要求假投票，蔣已然「痛憤莫名」。接著原立法院長童冠賢請辭，蔣欲以副院長劉健羣代理，同時建請立法院，休會期間授權行政院，兩案都遭立委抵制。乃將矛頭指向陳立夫與 CC 系，即與行政院秘書長黃少谷磋商國民黨「改造」的程序與要旨，確定了「主動提出」、「不涉及立院」、「不經過中全會」和排除海外黨部等技術性手段。

　　不旋踵，韓戰爆發，臺海局面陡然改觀，蔣中正把
握時機，於 7 月發動逐陳行動，「明白宣布立夫行動之誤
黨與自私，及常委任立法委員者不能執行黨紀，只顧個人
而不顧黨國之背離言行，不應再任常委」等意（7 月 22 日
日記）。8 月，陳立夫失意離臺，「改造」運動正如火如
荼展開，過去「蔣家天下陳家黨」所分享之黨權，也由蔣
一手回收了。

## 韓戰爆發後的影響

　　韓戰之前，由於外援斷絕，蔣中正對於國際事務，
一度身陷反共、抗俄、怨美、仇英、恨艾（艾其遜 Dean
G. Acheson）、蔑杜（杜魯門）的情緒當中。「反共」
自屬國策，「抗俄」則視蘇聯才是萬惡之源，不僅中共
佔領大陸，係其幕後操縱所成；美國一意孤行「毀蔣賣
華」政策，更乃受之愚弄的結果。所以蔣衷心期待（或
者預期）將有一場足以瓦解蘇聯、消滅共產、善惡對決
（Armageddon）式的總解決，抑便是第三次世界大戰的
塵埃落定。然而，民主國家聞「塵」（原子塵）色變，儘
管全球赤燄熊熊，仍反復力圖轉圜折衝，這在蔣看來，
「避戰」無異「姑息」，因此質疑「最可怪者，其寧為俄
國佔領，而不遭受原子彈之毀滅，此不僅英、法之心理，
凡大西洋同盟各國亦無不如此也」（4 月 10 日日記）。

　　「怨美」緣自美國空有強大國力，卻「毫無道義與責
任觀念」（6 月 26 日日記）；且其「外交之態度，非使

世界各國皆為其敵，而驅諸俄共範圍而不止」（4月10日
日記）；更兼民族性缺陷，「美國之幼稚浮淺如此，其何
能領導世界耶？」（7月27日日記）以至冷遇苦守臺灣
的昔日盟友，「益知美國上下，無論我之敵友，皆以為臺
灣等於已亡，視余亦已完結，美國民族性之浮淺，其對
華、對余之不能認識，有如此也」（7月4日日記）。至
於「仇英」，則為蔣自二次大戰以來的一貫認知，視彼之
邪惡，斷不亞於蘇聯。1月6日，英國「搶頭香」承認中
共政權，自被形容為「英國作此對我最後之一擊，其忘信
背義，無異於俄國之侵華，至少是其助俄為虐之咎，不能
逃避耳」（1月6日日記）。

　　最後，「恨艾」是蔣中正總結1949年大陸失敗悲劇之
導演人選，也是眼下臺灣孤立處境之淵藪所在。日記中直
呼之「艾共」（共產黨），認定他私通蘇聯、出賣中國：
「是艾其遜一日不撤，則國務院被共俄操縱之悲劇，即一
日無法轉變，此實美國之制〔致〕命傷，豈僅我國受害被
其斷送而已」（1月1日前上星期反省錄）。流毒所至，
整體「美國官員對其國家與政府之不忠不實，而一意以洩
恨逞私為快，其頑固不化之劣性，上下相同也」（7月20
日日記）。耐人尋味的是「蔑杜」的態度，蔣甚少點名杜
氏，偶而及之，率出以「不似人君」口吻：「杜魯門並無
一定之主張，難免他日不為彼艾所動搖，故危險仍在也」
（6月反省錄）、「以其無信無能、出爾反爾之言行，誰
復重視？至於國際之正義公理，全為美國杜、艾掃地盡

矣」（10月23日日記）等等。

　　蔣中正一心深信臺灣為共、俄下個目標，對於朝鮮半島危機，反未深刻觀察，5月聞「美國防部長與參謀總長下月皆來遠東視察」，猶認「此乃全為俄製噴氣機在上海發現之所致也」。韓戰爆發後，蔣亟欲國軍援韓，其思考當在「陣前自效」，藉以爭取美援。然而受到艾其遜的再三力阻，先生憤曰：「美國務院仍竭力阻止我派兵援韓，其用意實在壓制我不許參加國際事業，而並非怕中共亦將藉口軍援北韓也。凡與我有益之機會，彼艾必全力阻礙，惟恐不及，……彼共認為蔣如再出，則其末日已至，共無焦〔噍〕類，故其操縱國務院不得不作最後之掙扎。」（7月1日日記）惟吾人事後諸葛，則國軍未能遠征，毋寧國家幸事。回顧民國三十一年，國軍援緬，為人所賣，無謂犧牲；韓戰全程，美軍屢敗，國軍在場，恐遭連累；且英美不求勝利，淪為打打談談，國軍受人牽制，亦必難有作為。

## 臺灣中立化的保障

　　韓戰爆發，原本潛流未顯的臺灣地位，一夕之間成為問題。蔣中正年底回顧，指出美方謀略：「艾其生在韓戰未起以前，其臺灣政策：甲、以李宗仁為牽制我內政，使之分化癱瘓；乙、煽動臺民獨立與自治；丙、由美國托管；丁、由聯合國共管；戊、讓給匪俄佔領。總使第一步只要能達成毀蔣、消滅國民政府之惟一目的，則無不可為

之事。」（本年工作反省錄）6 月 27 日，蔣中正接獲杜魯門函件，謂已下令第七艦隊阻止中共進攻臺灣。惟翌日閱報，始知聲明另有臺灣未來地位，應待區域安全恢復後，與日本成立和約，或由聯合國予以考慮一節，蔣憤而寫下：「其對我臺灣主權地位無視，與使我海、空軍不能對我大陸領土匪區進攻，視我一如殖民地之不若，痛辱盍極！」（6 月 28 日日記）

不過對於美方「臺海中立化」的宣示，蔣認為事屬權宜：「艾其生將欲以調查美國侵臺案為契機，使臺灣置於聯合國之保衛，一以免俄共藉口認為中國之領土而攻佔臺灣，一以減輕其美國單獨之責任，以免除其侵臺之嫌」；實際上「此一陰謀於我利害參半，不如逆來順受，先杜絕俄共侵臺之野心，暫為中立化之形態（但我決不正式公認），以穩定內部軍民之心理，使之安心，整補內部，求其安定進步，以至健全鞏固，而後再待機而動，一舉恢復大陸」。所以「只要臺灣事實上統治權並不動搖，則我反攻大陸之準備未完成以前，率性讓其中立化，且使其性質（國際）更為複雜，以對付俄共與英、印，未始非一中策也，此時應以沉機觀變處之」（9 月 16 日後上星期反省錄）。

戰事既起，美軍介入，卻連遭敗績，蔣中正既驚訝於「英國畏俄怕戰，美國軍事毫無準備至此，實為夢想所不及」；始知所謂世界大戰，只是主觀想望：「三年來，總以為英、美防俄必有秘密準備，三次大戰隨時可以爆發

之想念，乃知其全為主觀。自愧識見淺陋，何以謀國，能不大敗乎。」（8月反省錄）竊笑於馬歇爾等，自己摜上共軍，同樣左支右絀：「韓戰之敗，美國務院白皮書中所污衊我國軍以美械送給共匪與腐敗無能之極端攻訐，今皆由其本身美軍一一自食其果。尤以不准麥帥轟炸共匪東北基地，使之束手待斃之限制，實為民國卅五、六年馬歇爾在華調解對我之限制與反對」（12月2日後上星期反省錄）。

然而，隨著9月美軍登陸仁川，開始追奔逐北，中共是否參戰已成全球矚目的焦點。一方面，韓戰局面演成打打談談，另一方面，居中斡旋、奇貨可居的英、印等國，又競相將臺灣問題與韓戰問題掛勾。蔣中正觀察：「對於聯合國內形勢之險惡，於我前途之黑暗，英國已揭破其面具。其目的：第一、臺灣地位必欲使之國際化；第二、必欲驅逐我於聯合國之外。此二者皆將使我政府徹底毀滅，不僅不許我存於國際之林」；印度更屬恩將仇報，「而印度尼黑魯挾中共為俄國脅誘美國，以玩弄杜、艾，而以中國為其犧牲」（9月3日日記）。

惟在「臺海中立化」、「美國侵臺案」、「臺灣調查案」等紛紛擾擾，乃至蔣中正考慮退出聯合國的徬徨之外，臺灣安全獲得保障的事實，蔣心中自是瞭然：「幸韓戰發生以後，國際局勢大變，美、英各國亦不能不改變其對華政策，為我協助，此實中華民國轉危為安之動機」（8月5日後上星期反省錄）。8月以後，已自記於憂患

中，仍能自得自樂：「近日心神愉悅，時有澹泊涵詠之象，內外形勢與環境事物，雖時加憂患，但總不能減少自得自樂之意。……瞰視北投前方淡水河一帶窪地，其每朝雲海之寧靜，頓感西湖之風光，不禁感慨係之。」較諸 1 月間手擬「中國存亡與東方民族之自由獨立之成敗問題」時的悲憤，不啻走洗一趟「三溫暖」：「實感慈悲天父在我重大失敗之餘，尚賜我如此優美之臺灣，容身其間，且使我能從容準備復興工作，能不頌贊跪拜，感激莫名乎。」（8 月 26 日日記）

一切，就歸諸神恩罷！

# 1951 ／歷史長河的重複循環

李君山

國立中興大學歷史學系教授

## 引言：新格局的挑戰

　　1951 年，國際大環境係以美蘇冷戰與韓境熱戰為主軸而展開，中華民國側身其間，國家命運和蔣中正的個人際遇，也跟著跌宕起伏。其中固然有若干成績或收穫，但更多的是新的處境與經驗，包括國家分裂下的政權角色，還有國際現實下的身分地位等等，需待體會並調適。從蔣中正日記來看，或許這一年，才讓他真正感受到兩岸對立格局，將為中華民國在臺灣帶來的巨大改變與困難。

## 對美外交壓力大

　　這一年開春，延續了之前的韓戰危機，蔣中正對此做了大量的觀察與分析，而深感遺憾，「英、美對韓戰，始終企求妥協求和，而以年初最先兩星期為最甚。及至共匪明白拒絕調停，乃始漸息其幻想。」（本年總反省錄）。儘管美國參、眾兩院皆指中共為侵略者，通過不准其參加聯合國的議案；聯合國對中共調解小組與懲處委員會，卻仍於 2 月間同時成立，「談談打打」的意圖已如司

馬昭之心。惟蔣中正認為中共僅乃蘇聯傀儡，「共匪對韓戰停火之條件完全反對，此可證明，俄國絕不允共匪與各國有所接觸，乃可斷定今後英、美無論如何姑息，決無效果。」（1月20日後上星期反省錄）也果然延至年杪，談判演成「歹戲拖棚」的局面，「韓國停戰商談逐停逐開，為緩衝地帶問題爭持不決，無足論也。」（8月11日後上星期反省錄）

韓戰造成的震撼之一，當為4月11日美國總統杜魯門（Harry S. Truman）下令解除聯軍統帥麥克阿瑟（Douglas MacArthur）之一切職務。蔣第一時間解讀：「只覺此又是共產國際陰謀在東方進一步之進，更見英國陰險，而美國愚昧之可哀。從此西太平洋區更加赤禍橫決，無法抵止，而日本之赤燄滔天矣。」而欲遣人往慰，「並願請其來臺任最高顧問也。」（4月11日日記）此議顯然不合時宜，所遣董顯光亦未得麥帥接見。蔣心生不悅，「此乃美國民族之特性，必以為余此次對彼之表示冷淡，不夠誠懇也，甚至以余為非道義中人，故不屑續交乎。」翌日又反思，「如余照當時之熱忱，派大員歡迎其來臺，而為美政府所誤會，則國勢更為孤危，此時決不能再動剛腸，以國家殉情矣。」（4月16日、17日日記）一反一復之間，實可見對美外交為蔣所帶來的深刻壓力。

## 糖衣毒藥的美援

對美外交的真正壓力，還來自美國軍援的姍姍來遲。

蔣中正既有「大旱之望雲霓」的期待，早在前1950年初，即提到美國務院「似已漸覺其對華倒行逆施之政策，不能不重加考慮。故其援華未用之款，已允延期，不致停止。而其對我軍事援款，雖固執其杜魯門之宣言，但其中已於經援款中通用一部，不再認真管束矣。」（1950年1月28日日記）然待6月韓戰爆發，美方明顯力難兼顧，軍援云者，始終只聞樓梯響。本年4月21日，蔣獲悉美國決派軍事顧問團，來臺協助防衛，反應卻趨保留，「接美國派軍事顧問團來臺協助之正式公文，內心實無所動也」（4月21日後上星期反省錄），似乎反需聽其言、觀其行了。

實則蔣所需，僅為美方軍事物資，並不用後者指導其如何整軍、理財。5月底，其感到焦慮，「美國軍援至今仍未到來」；以至聯想到「驅蔣滅華」的詭計：「其必仍待共匪允和消息，抑或準備臺灣托管，以便驅蔣滅華，而不肯運送武器來臺，深恐吾軍抗拒其托管之武力侵入乎。」（5月反省錄）惟美方則反是，必待蔣裁軍、撙節，而後始肯考慮施予。蔣憤然曰：「近日思慮最苦痛迫切之事，莫過於美國顧問團蔡斯報告及其建議書，……幾乎亦不能遺忘，不念美國外交對我之侮辱與賣弄。……而一方面對於其軍援，實在受之有愧而卻之不恭之歎，我寧不接受其援助，而不願再受其長此侮辱與污衊，以喪失我國格與士氣也。」（6月23日後上星期反省錄）

這種欲迎還拒、受之有愧、卻之不恭的複雜情緒，

終究抵擋不了現實上臺灣需要美援支持的考量。且美國軍
事援華顧問團團長蔡斯（William C. Chase）亦似有「內
線」引路，5 月 12 日首先要求借用「圓山軍官訓練團」
處所。蔣中正感嘆：「蔡斯（美顧問）想借圓山軍訓團為
他們辦公寄住之地，今日之圓山，實已成為十三年之黃
埔，苦心經營，略具規模，再無其他地點可為我教育之地。
烏乎可，美人幼稚皆如此也。」（5 月 12 日日記）不久，
蔡斯當面向蔣提及日本教官問題，暗示反對繼續聘用。蔣
雖稱不便接受所請，不過保證絕不妨礙美方顧問訓練軍隊
之計畫。翌日，蔡斯又來要求，以日本教官所訓練的第
三十二師，作為其首派美軍顧問之部隊。一路「諜對諜」
下來，萬般無奈，只好於 7 月 23 日約見日本「白團」團
長白鴻亮，說明今後日籍教官之職務，若不在練兵，亦可
在機關任幕僚；決不以美方顧問之故，而辭退日員。

　　擠壓日籍教官角色的同時，蔡斯另外建議改編國
軍，「要求我將要塞部隊歸併於野戰部隊，並將我各軍師
番號取消半數，以充實其他野戰軍」；蔣中正質疑「置我
臺灣現狀防務與軍心士氣於不顧，此乃要先拆散我軍力、
卸除我要塞，究何用心。」果是「美國政府毀蔣扶共之陰
謀，其實毫未變更也。」（7 月 3 日日記）稍後，指示其
每軍裁併為兩師制，雖可贊成，「但非待其武器運到有
期，方能着手實施，否則徒亂軍心，減少戰力，此決不可
為也」；他再次強調「大陸軍事與政治之失敗，皆照美馬
建議，而其結果則一甩了事。此一教訓，不能重蹈覆轍

〔轍〕也。」（7月8日日記）。

接著，財經會議受到壓力，同意美國經援人員參加，以至「金融發行額皆受其無形限制操縱」，蔣中正悔恨，「此為作繭自縛、最愚拙之舉，⋯⋯尤其以美援為理由，要求我軍事與經濟之不合理緊縮」，竟使他「腦筋中悲憤哀傷，竟至夜夢泣醒。此種污辱刺激，實為近年來所未有之現象。」（7月26日日記）直到8月11日，蔣至角板山居十日之後，「自覺於修養與思慮皆略有所得：⋯⋯對美痛憤之下，感悟屈伸之理，心神為之頓降。」（8月11日後上星期反省錄）於是9月21日，為求徹底整頓軍費，始同意美軍顧問參加軍事預算與會計的編訂工作。

## 對日和約中失落的一角

事實上，當美軍顧問逐步掌控中華民國軍、經事務的同時，美國精心佈置的對日和約，也正鑼鼓喧天地上場之中。由於蔣中正對美印象惡劣，有關對日和約，也同樣懷著欲迎還拒的複雜情緒。前一年6月，他聽聞「美國決定單獨訂立對日和約，而對我國則棄絕不理」之時，一方面承認「此乃當然之勢」；另一方面仍難忍怨懟，「美國扶助日本反共，其用意乃縱日本侵華，使黃種自相殘殺。美國此一政策毒辣〔辣〕無比，然其後果徒為自害害人而已，可笑可痛！」（1950年6月3日後上星期反省錄）

然待韓戰爆發，局面扭轉，1950年11月美國對日和約草案出爐，副本送至臺北，徵求同意，蔣卻又「諒其苦

心」：「美國提出對日和約條款，證〔徵〕求我同意，其
對臺灣問題與千島、庫頁南半島皆列為懸案，以待和約
成立後一年內，由四國共同解決。余諒其苦心，勉允其
請。」（1950年11月反省錄）約中關鍵性的「臺灣歸屬」
問題，此時便已輕輕放行；「志在參加」變成中華民國所
欲爭取的首要目標。[1]

　　不過事與願違，舊金山和會的中國代表權，依舊成
為接下來列強爭持的焦點。本年5月17日，日方首先放
出消息，「日本政府對其國會說明締訂和約時，中國代表
權問題以中國二個敵對政府之下，很難決定那一個政府是
合法代表參加訂約。」蔣中正判斷「其意不予我政府訂
約」，且「此乃美國對我外交政策又一大改變，其中必為
英國作祟，殊為可痛。」（5月19日後上星期反省錄）。
接著，英方又放消息，中國代表權留待日本與其他國家簽
約後，再由日本決定孰為簽約對象。蔣憤然曰：「此乃英
國對我又加一侮辱矣。余信美國人民必不贊成此一所為
也，應設法打消之。」（6月15日日記）

1　1951年4月17日，蔣曾手擬對日和約方針：「一、簽訂日本和約
　之盟國，對我為盟國之一員，不喪失我盟國之地位。二、不損害我
　在臺灣之統治權，不干涉我臺灣內政。三、臺灣、澎湖不受任何軍
　事干涉或侵犯，俾得鞏固我反攻大陸之基地。四、依照以上三項原
　則，進行簽訂對日之和約。至於臺澎地位問題，事實上今已由我國
　收回實行統治，則名義之爭執似無必要也……」，「簽訂日本和約
　之盟國，對我為盟國之一員」列為第一，即說明「志在參加」之用
　意所在。見「蔣中正手諭」（1951年4月17日），《蔣中正總統
　文物》，國史館典藏號：002-02040000053-029。

　　詎料，儘管臺北方面發動「大外宣」，華盛頓各方迴響冷淡。6月23日蔣中正記曰：「余對對日和約問題之聲明，美國各報竟不登全文，可知其國務院控置〔制〕其新聞輿論之嚴巧，而對其賣華毀蔣之手段如何迫切矣，亦可知美國輿論並無公理與正義為其原則也。」（6月23日後上星期反省錄）。8月4日又記：「美國對日和約發表以後，我全國和海外同胞，對美國作此痴狂之呼籲哀求，而美國全國報章及其民眾代表之國會兩院皆置若罔聞，而且電文概不登載。此不僅為美國對人類無公理、不民主之表現，其民族之如何自私專橫及其殘忍性亦暴露無遺，誰謂美國民族之重公理、尚自由耶。」（8月4日後上星期反省錄）連長期支持中華民國的美國參議員諾蘭（William F. Knowland）也立場曖昧。9月8日對日和約在美國舊金山簽字，中華民國終未受邀，蔣感歎：「而最可悲傷者，美國議會不僅默認此不法無道之和會，而且平時對華友好之議員，亦一致默許其政府賣華之舉為應當之事，尤以共和黨所認為惟一外交家杜勒斯，不惜助紂為虐為然，此乃余對美國民族性五十年來認識最大之錯誤也。五年來，以美國賣華之舉，認為其政府少數人之事，而今方覺其朝野皆為一丘之貉。」（9月8日後上星期反省錄）

## 大家都來告洋狀

　　《舊金山和約》所帶來的最大啟示，莫過於國家分裂下的政權角色，還有國際現實下的身分地位變化。蔣中

正自謂「自英美聯名發表對日和約方式，與摒棄我在簽字
國之外以後，繼之以美、紐、澳聯防協約，以及其國務院
對我所提援助條件之備忘錄三事，使余四十年來之世界觀
與民族觀，尤其對美國觀念根本變更，無異惡夢初醒」
（7月反省錄），內中特別提及「世界觀與民族觀」，或
許也是體認到兩岸外交戰的山雨欲來，以及包括美國在
內，國際對於中華民國困境的冷漠對待。

　　但雪上加霜的，卻是臺北政壇屢屢發生人事糾紛，
且當事人每每將內幕或爭議公諸於美國媒體，蔣曾斥之為
「告洋狀」之言行。當對日和約孤立無助、美方援臺條件
頻出之際，空軍駐美採購處代表毛邦初之貪污案，竟也如
滾雪球般，對中華民國政府信譽形成沈重的一擊。毛案爆
發於前一年的5月，美國媒體揭發國軍人員採購舞弊，毛
也向駐美大使館檢舉空軍總司令周至柔，虛報軍品價格。

　　本年初，親臺的美國眾議員周以德（Walter H. Judd）
致函蔣中正，要求處理臺方存美款項弊案，蔣發現周函內
容應為毛所洩露。3月9日記曰：「最痛心者為將領無常
識，不惟希冀挾外自重，而且密告內部之事，原其心跡，
乃為討好外國，而其影響則無異詆毀政府、誣陷上官，其
弊害所至，將致賣國亡身而有餘。毛邦初與孫立人之無識
至此，可痛。」（3月9日日記）遂加緊處理毛案腳步，
案情也愈陷膠著。4月6日，蔣對於毛、周互控，已感無
奈：「邦初抗命不歸，其覆電之意，不顧一切將損毀至柔
名位，以洩其憤，且有七百萬美金存其空軍辦事處手中，

希圖擅交其自派之代理人，更為可惡。惟至柔之愚亦實
不可及，其驕橫跋扈，令人難堪，乃咎由自取。」（4月
6日日記）。

　　但更令人難堪者，猶在美方友人、媒體皆「一面倒」
挺毛反周。先是8月，毛邦初透過美國專欄作家皮爾遜
（Andrew Pearson）大爆軍購內幕，蔣深恐影響軍援，「得
毛邦初勾結美國反華記者皮耶遜，宣布周至柔私匯四十萬
美金為貪污新聞，以阻礙美國之軍援，不使其議會之通
過，殊為痛心。」（8月17日日記）稍後又記：「毛邦初
案發表後，美國羅蘭、周以德等，皆為之幫兇，而反脅
制我政府。此又為美國偏袒私人，不重事實與法理之又一
發見。余之昏瞶，何對美國認識錯誤至此也。」（8月反
省錄）

　　不料9月以後，案情更向上延燒，牽扯宋美齡與官邸
款項。22日蔣中正憤而失眠：「因毛邦初捏造事證，虛
聲恫嚇，並牽連夫人，痛心無已。而周至柔方面，乃以毛
案不能速辦，推托於余阻礙之故，並揚言因夫人支用毛
款，所以不敢辦毛。」他認定謠言「皆出於周之左右數
人」，乃至「在會議席上皆推托因余有私人直接交毛之
款，所以其總部不能交賬清楚，反假罪於余之一身，更為
痛心。」逼得蔣自我辯白，「其實所有支毛各款，皆由其
總部轉撥，絕未有私授於毛之事也。」（9月23日日記）

　　因此，蔣中正決定採取法律途徑，臺北組成一個五
人專案小組，調查毛案。司法行政部次長查良鑑，和小組

成員周宏濤專程赴美，向美國法院控告毛邦初。11 月又
獲報：「毛邦初投靠李宗仁，以期侵吞公款，逃避罪犯。
可知人心之惡劣，無所不至，若非激發廉恥教育，何以復
國救民耶。」「據報李宗仁正式為毛邦初作證，自認其為
中國總統，而以余為非法也，此更足證實毛之叛國，與李
之卑劣無恥，非用國法制裁不可也。」（11 月 27 日、29
日日記）唯至年底，該案訴訟仍未了結，1952 年初，更
演成毛邦初潛逃至墨西哥的意外發展。

## 一島兩府內鬥外爭

　　毛邦初案反映的，可說是 1949 年大變局的一種遺
緒，就是在大廈將傾的關鍵時刻，軍紀官箴完全崩壞後的
重新收拾。就這一點而言，行政院長陳誠與臺灣省主席吳
國楨之間的積不相能，也同樣是千鈞一髮的關鍵時刻，政
治環境全然翻轉後的權力難題，吳日後稱之為「一島兩
府」，即島內同時存在中央、地方兩級政府，且轄區幾近
重疊的尷尬狀況。[2]

　　陳吳交訌，從前一年吳取代陳，出任臺灣省主席，
便已埋下伏筆。本年初，傳出臺灣銀行祕密發行額外鈔券
之事，引起層峰關注。2 月 17 日後上星期反省錄，蔣中
正記：「經數週之考慮，決定撤換任顯羣，以警將來。而

---

2　吳國楨著，吳修垣譯，馬軍校註，《夜來臨：吳國楨見證的國共爭
　　鬥》（香港：中文大學出版社，2009），頁 264-265。

國楨不自反，專怪陳、嚴，並以不切實際之攻訐，希圖報復，其驕矜狹小，令人鄙視，應加警惕，或可使之改過，期其有成也。」

接著，為謀臺美各項技術之進一步聯繫，以充分發揮美援效益，行政院特別設置「財政經濟小組委員會」，指派財政部長嚴家淦為召集人。結果此舉卻遭吳國楨的消極抵制，蔣中正痛心：「國楨對人憤憤不平，仍表示其辭職之決心，本擬本日成立小組（財經），由嚴財長召集，而吳不願參加，一以表示反嚴，二仍堅持其非彼不可，並示美國經援機構以我內部不能合作之意，殊為可痛。然亦無關其然，以陳、嚴對彼頗有成見，人事之複雜難處竟至如此，是乃余運用無方之故。」（2 月 19 日日記）

辭職風波僵持至 2 月底，蔣考慮吳之動機：「甲、與陳、嚴勢不兩立；乙、以為我厚信陳、嚴，而有袒護之意；丙、有美國為他後援，故要脅請辭；丁、與顯羣共進退；戊、違反旨意，破壞大局亦所不恤也。」（2 月 28 日日記）於是 3 月初，對臺銀溢發鈔幣案，重啟調查，調閱帳目及報告後，記曰：「國楨之罪責與顯羣之關係甚重，彼尚不自知也，應明白訓示其錯誤與刑法之罪名，使之愧悟可乎。」（3 月 6 日日記）同時召見任，預告撤其廳長一職之用意，並令其轉告吳，自定去留。10 日，官銀首長乃告「大風吹」，任顯羣辭臺銀董事長兼職，由中國銀行董事長徐柏園接任；嚴家淦辭臺銀常務董事長兼職，由任顯羣兼任。吳國楨見勢，只能「轉進」，蔣不無

得色:「吳國楨與臺銀之危機,所謂陳、吳之爭持已告一段落,此實為臺政安危所係之大事也。」(3 月 10 日後上星期反省錄)

不過脆弱的平衡,迨 5 月美國人員介入財經措施後,政院、省府內訌又起。7 月杪,蔣中正記:「本日心神漸形煩惱不安狀態,內以陳、吳不和,事多矛盾,不能集中統一,因之經濟、政治皆呈停頓麻木之象」、「自我之陳、吳矛盾不和,財經拮据,美又逼迫,艱窘日增」等(7 月 26 日日記、7 月反省錄)。8 月 22 日,指示陳誠,應成立「經濟動員局」,統一管理生產、貿易,及有關經濟動員之各項業務;中央暨省各單位業務重複者,一律合併或撤銷。吳國楨以該局之設置,為與省爭權,堅持反對立場。

懸宕到 9 月初,記曰:「行政院人事與動員局事,尚未發表也」(9 月 1 日後上星期反省錄),陳誠且又請辭。甚至 10 月 17 日,得報:陳誠以經濟動員局人選不贊成,未先向總統表示,逕自對外宣布辭職。蔣一方面釋放「其經濟動員局不成立亦可之意」、「經濟動員局人選由其自決,不加干涉可也」(10 月 18 日日記、10 月 20 日後上星期反省錄);另一方面,乃考慮行政院長繼任人選,擬由俞鴻鈞、張羣、王世杰、吳國楨等人擇一繼任,同樣也屬軟硬兼施,陳誠才暫時打消辭意。年底,寫作「本年總反省錄」,猶致遺憾:「內部陳、吳之爭始終未熄,所以經濟與政治亦時起動盪。」未想此一矛盾尚待延

續兩三年，以迄「吳國楨事件」之爆發。

※　　　　※　　　　※

　　縱觀 1951 年的蔣日記與國運，可以說承先啟後，包括韓境停戰談判移至板門店、美國援臺物資姍姍來遲、《舊金山和約》之後的《臺北和約》、毛邦初潛逃至墨西哥後的處理，乃至孤立的吳國楨辭職出走等，都有待後續的一兩年，才能看到歷史的最後分曉。此外，如孫立人案、政工制度爭議、香港「第三勢力」，還有美國兩岸政策等，在日記中也多見醞釀。歷史之如長河，於斯可證！

# 1952／在冷戰架構下穩定時局

任育德

天主教輔仁大學全人中心兼任副教授

## 引言：心底的中國

　　1952 年 4 月 28 日，中華民國與日本在臺北賓館簽訂「中華民國與日本國間和平條約」，透過條約簽訂以終結兩國間戰爭狀態，8 月 5 日雙方換文生效。在中日和約簽訂七個小時後，1951 年 9 月 8 日多國簽訂之舊金山和平條約正式生效，日本結束 1945 年 8 月下旬開始同盟國軍事佔領，由駐日盟軍總司令部（GHQ）掌控的狀態（所謂「盟總時期」），成為獨立國家，得以重返國際社會。[1] 正如英國史家方德萬（Hans Van de Ven）在《戰火中國 1937-1952》主張視 1952 年為東亞戰爭秩序步入穩定、中國戰爭狀態宣告結束的說法。[2] 甚至再拉遠一步

---

1　川島真、清水麗、松田康博、楊永明著，高村繁、黃偉修譯，黃偉修審訂，《台日關係史 1945-2020》（臺北：臺灣大學出版中心，2021），頁 59、69。 2013 年（平成 25 年）第二次安倍內閣定該日為「主權回復日」。〈東京大学名誉教授・小堀桂一郎　主権国家の「実」を示し、誇る日に〉，《産経ニュース》，2013 年 4 月 18 日。美國外交檔案則稱為「日本佔領與重建時期」（Occupation and Reconstruction of Japan, 1945-1952）。

2　方德萬著，何啟仁譯，《戰火中國 1937-1952》（新北：聯經出版，

說，中日和約的簽訂，於法理上結束中日從甲午戰爭以來
的對立狀態，奠定兩國和平、外交關係正常化基礎。此一
關鍵大事件，自是經過相當時間準備及協商，終在 1952
年告成。此中蔣中正內心情緒、思考轉折，在日記中自有
部分紀錄留痕。

## 美國冷戰架構下的和約

　　蔣中正領導下以中國國民黨執政的中華民國政府，
軍事上敗給中國共產黨，且喪失中國大陸實際治權，面對
中共成立「中華人民共和國」與中華民國形成「兩個中
國」局面。時蔣中正身兼黨政軍領導者，在積極面洗雪
個人、政黨之「恥」外，也得面對現實——維持「合法政
府」、捍衛國家安全局面。1949 年 1 月 12 日蔣中正即告
誡臺灣省主席陳誠面對具國際敏感性議題需謹慎發言：
「臺灣法律地位與主權，在對日和會未成以前，不過為我
國一托管地之性質，何能明言作剿共最後之堡壘與民族
復興之根據也，豈不令中外稍有常識者之輕笑其為狂囈
乎。」[3] 這顯示蔣知國際局勢複雜，需要以具一定效力之
條約方式予以確認。隨著中華民國政府退守臺澎金馬，若
能透過簽訂國際條約彰顯主權地位，自具重大政治宣示意

2020），頁 46-48。

3　「蔣中正電責陳誠記者會中『台灣為剿共堡壘』發言失當應以中
　　央政策為主免人誤解」，〈交擬稿件 —— 民國三十七年一月至民國
　　三十八年十二月〉，《蔣中正總統文物》，國史館典藏號：002-
　　070200-00024-058。

義。但正因誰能代表中國屬未知狀態，特別是美國在韓戰前公然提出「臺灣地位未定」論，主張抗拒「中華人民共和國」介入，和英國認定產生差異，臺灣問題國際化以及蔣中正所屬中華民國政府代表性，似已由不得蔣中正作主，必須是國際強權設定方針後，再由次一層國家落實。

經過英、美兩國交涉，1951 年 6 月中，美國國務卿杜勒斯（John Foster Dulles）與英國外相莫理森（Herbert Morrison）達成折衷方案：在實質問題上，日本將放棄對臺灣的主權，但卻不明確讓渡給誰；在程序問題上，美英同意不邀請兩個中國參加和會，但日本可「依其主權及獨立地位」決定要與哪個中國簽署雙邊和約。[4] 因此，美國國務卿杜勒斯開始推動中日另行簽約方案，並透過外交管道讓臺北知道訊息。蔣中正對於遭排除於參與舊金山和會出席國家之列，自是甚感惱怒，卻也必須冷靜，重新思索有關步驟，表達己方立場。蔣中正在形勢與中日戰爭結束時已有明顯不同態勢下，不得不放棄對日要求賠償。總之，在國際局勢及外交戰中能操於己之因素有限時，蔣中正 1952 年 3 月 11 日表達「又開羅宣言重加有效之聲明，以補和約內未提臺灣地位問題之缺憾也。」。3 月 17 日自記有關談判方向確立「一、對日和約方針：甲、政治重於經濟。乙、主權與國際地位重於一時的利益。丙、中、日兩國關係重於其他國家關係。丁、勞役賠償可以不爭。

4　汪浩，《冷戰中的兩面派》（臺北：有鹿文化，2014），頁 147-152。

戍、平等互惠關係條件應予除去。」蔣將對日和約定位為
政治、主權與國際地位為先，中日確立雙邊關係為重，已
可見其確立目標。但在達成過程，又見周折，蔣中正也受
到影響，夜難成眠。

在兩國談判最後階段，蔣亦於 4 月 21 日上角板山行
館，以「脫離臺北政治環境入山休養」（4 月 22 日），
於 4 月 25 日返回士林官邸，以獲知最後發展。4 月 27 日，
蔣中正召見軍訓團學員，做完禮拜，獲得行政、外交系
統回報最終談判結果，中日雙方得在舊金山和約成立前
簽約。蔣感受及評估「在這樣慘敗悲劇之中，而仍能以
戰勝國地位簽訂對日和約，無異對共偽組織加以致命之
打擊，此實為最大之意義，然並未能消除我革命失敗之
責任也。」（4 月 27 日）從 1945 年以戰勝國「四強」到
1952 年尚須仰賴美國出手介入與日本簽約，得失之間夾
雜的苦澀滋味，已見蔣中正個人感觸。但能達到蔣在外交
戰略設定目標，於中日和約架構下使中日通商、文化關係
穩定正常化，中華民國和日本確認同處在美國架構東亞冷
戰體系成員之內，並保留軍事反攻大陸可能，又不受國際
條約框限，的確也是當時中華民國之「有所得」。中華民
國外交部曾發布說帖說明官方立場，稱民國 40 年（1951）
之「舊金山和約」以及民國 41 年（1952）之「中日和
約」，目的均係藉由條約形式再次確認臺灣領土主權歸屬

中華民國。[5]

　　當然我們也不能忽視，由於《舊金山和約》和《中日和約》強調日本政府放棄臺灣主權而無明言歸屬（事實上由於蘇俄並未參與簽署《舊金山和約》，日俄至今無相關二戰國際條約議定，北方四島領土爭議依然懸而未決），此一在當時國際形勢下選擇模糊以對的處理方式，的確引發日後不同政治立場者對臺灣前途諸多觀點討論，至今議論猶未終止。意者可參考黃自進《冷戰格局下亞太安全體系的建立與「中日和平條約」之締結》一書。

## 傾斜的整軍天平

　　在軍事反攻規劃下，蔣中正進行整軍建軍工作，日記中也看得到美國主導的軍事體系如何在中華民國整軍建軍系統擴大影響力的作為。美軍顧問團1951年進駐臺灣之後，與蔣中正1949年間聘請日本帝國前軍人之「白團」衍生衝突。[6]在中日兩國商議和約之際，蔣中正也面臨美國軍事顧問針對海空軍總司令人事輪替問題提出意見而煩心，甚且有軍種司令借人事更換將影響武器援助以為

5　「中日和約」答客問（中文版），中華民國外交部官網，https://www.mofa.gov.tw/News_Content.aspx?n=203&s=78874。

6　白團一般被稱為外籍教官、外籍顧問、研究員、實踐小組。白團成員大多在1950年以前抵臺，人數最多時達到八十三人。東京資料班最盛時期有十六人。1952年離開五十三人。到1963年僅剩五人。1979年白鴻亮過世後，白團任務完全結束。陳鴻獻，《反攻與再造：遷臺初期國軍的整備與作為》（臺北：民國歷史文化學社，2020），頁218-219。

裏脅的說法，蔣即明告「余即告其寧使美援不來，但決不願受外國干涉我內政也。」（4月2日）蔣也透過軍事、外交管道雙管齊下進行警告。由外交系統進行警告用語更顯巧妙，透過王世杰、葉公超將事情告知美國駐華大使藍欽（Karl Lott Rankin）「使其知此武官有此一事，加以警戒。但望其不必處罰，以其向來援我海軍甚熱心，不因此次幼稚行動而使其灰心喪志也。」藍欽表示道歉之餘也表示「必須加以指斥，以免其再犯錯誤也。」（4月4日）蔣獲知國務卿艾其遜（Dean Acheson）詢問藍欽有關軍事首長人事調動應與美方商討後，亦囑葉公超回信表態：「此係干涉我內政，殊非美國之榮譽，而且余決不能遷就此意。」他可以接受顧問團「對我將領之成績與考察之所得，彼可隨時提供意見與建議，以備參考，但任免事項不能有任何之主張，以免其干涉內政之嫌。惟為私人友義關係，重要事項余可令參謀總長預示蔡斯也。」（4月5日）此一「預示」也顯示蔣在現實之下堅持「作主」的原則，但也同意先行告知的默契。

蔣中正這時化明為暗，設想以軍事雜誌社為名，聘日本教官編輯雜誌，「研究學術之工作出之，予以公開，但從學官長之調集名義與方法如何，勿使美員懷疑無言，應加研究也。」（7月5日）而美國蔡斯「催詢日本教官人數與工作，要得一確答也，以彼對日教官與政治部非清除不能甘心也。」（7月16日）蔣在追求軍事反攻目標下，並不願在此時完全服從美國支配的心理清晰可見。最

終，蔣中正堅持完成圓山軍訓團高級班第三期訓練，完成
團長以上高級將領訓練。這在蔣視為年度整軍提升將領素
質重要指標之一（本年反省錄），軍事史研究者即指出，
蔣中正心中構想的軍事教育是結合日本與美國教育的雙軌
制度，以日本制度喚起「軍人魂」。軍事操練、作戰教育
則採用美國制度式，以達成現代化軍隊的建造。不過，美
國在軍事操典、武器裝備、軍事教育體制方法具有優勢，
在軍援到來與顧問團進駐後，終究使國軍在整編、換裝美
援裝備基礎上，最終只有走上全面美式化。[7]

　　蔣中正在追求自建現代化軍隊目標下，曾在 7 月 22
日手令參謀總長周至柔，表示「團長以上高級將領對於各
種兵器之性能必須澈底研究，此為校閱各部隊時考驗將領
之特定課目。」[8] 而從日記相關記載也可見到他設想對方
預定目標，推演操作自身可操作策略回應，日記成為記錄
及定期回頭檢討個人操作策略的媒介載體，「日記」擁有
者看待日記用途，以及展現本身行事思考的方式，均清晰
可見。

## 黨內的改造與整肅

　　1952 年，中國國民黨完成「改造」，重建黨中央組
織。在第七次全國代表大會確定國民黨屬性為「革命民主

---

7　陳鴻獻，《反攻與再造：遷臺初期國軍的整備與作為》，頁 261。

8　〈總統蔣公親筆手令〉，《總統府檔案》，國史館典藏號：011-030700-
　　0001，頁 92。

黨」，於是從「改造」期間有關黨內走向是「民主」或
「革命民主政黨」的爭論畫下終止符。因此像雷震主張國
民黨應走向「民主政黨」途徑者甚感失望。雷震 10 月 16
日出席討論反共抗俄基本論場會議，見張其昀報告、秘書
宣讀、于右任簡短講話即未予討論通過，即指出「民權初
步云乎哉？七全大會就不遵行，遑論其他會議！」[9] 18 日
再聽到選舉黨總裁過程，由陳誠提出後在座列席者一併起
立事，即表示不能贊同。[10] 雷震未出席七全大會閉幕式，
從他人口中獲知選出中央委員有十六名軍人，情報機關人
員均是中央委員，白崇禧連中央評議委員亦不列名的作法
持異議。[11] 以蔣中正角度看自有不同。蔣軍人出身，以軍
人跨足政黨，與資深黨人爭取黨權，是中國國民黨在大陸
時期黨史的一部分，在臺灣時期已無其他具資望者可爭
奪黨權，但蔣希望透過「改造」簡化黨領導組織心意明
顯，在改造委員會常務會議明指「余重在組織簡潔與黨員
單純，期在澈底整肅內部，乃為此次全代會之惟一宗旨

---

9　傅正主編，《雷震全集》，第 34 冊，「第一個 10 年（四）：1952 年」
　　（臺北：桂冠圖書，1989），頁 140，1952 年 10 月 16 日。

10　他日記中說：「真是開玩笑，民權初步何在？處處不遵守規則，猶
　　厚顏而云守法，可恥之至！所謂守法要事事循法律去做，列席者既
　　無表決權，此時即不必令他們起立。」傅正主編，《雷震全集》，
　　第 34 冊，「第一個 10 年（四）：1952 年」，頁 141，1952 年 10 月
　　18 日。

11　晚間陳雪屏到訪時也表示「軍人太多，名單公佈起來不好看」。毛
　　子水也認為排除白崇禧「甚不贊成，以為中央所見太小。」這是一
　　方的視角。傅正主編，《雷震全集》，第 34 冊，「第一個 10 年（四）：
　　1952 年」，頁 142-143，1952 年 10 月 20 日。

也」，甚且要改造委員會成員再考量「變更黨名問題，屬其專案討論」（10月2日）。這點蔣經國表示反對，讓蔣也想到不能給予中共消滅國民黨口實，轉念保留原有黨名、輔以其他策略達到設想目標（10月4日）。

第七次全國代表大會最終將中央委員會委員人數從第六屆中央執行委員（含候補）超過五百餘人，大幅減少至百餘人之內，也就是黨內政治勢力重組及權力分配風向指標。雷震所不滿的安排也正是蔣中正會前考慮評議委員與中央執行委員人選名單，最後決定人選方針的表現。蔣的考量方針是：「一、掃除白崇禧等叛黨禍國之桂系敗類，不再包容，免貽後患，此為二十年來第一之決心。若非如此，則黨國紀律無由整肅，即使改造亦無效益，更不能言反共抗俄之任務矣。第二，凡過去所謂黨與團派系鬥爭之各主腦，如賀衷寒、劉健羣以及陳立夫等應負其責者，一概不列入候選人名單之內，廓清黨內派系之爭。第三，凡在大陸各省區軍政負責人員，未奉撤退命令，擅自放棄職守者來臺者，皆不列入選單之內也。」（10月18日）這是在臺灣可由蔣掌控的環境下，想要徹底解決起自於1930年代的政治恩怨、權力分配的表現，將桂系排名第一項意義格外不同，也再次顯現蔣中正在個人記載不假詞色表露對桂系代表人物之痛恨厭惡。甚且在完成安排後，於「10月25日上星期反省錄」，蔣頗有紓發深切積怨批評之文字，且除其黨內名位。其次，蔣對一起參與黨務或者受到培植者，以之為國民黨喪失中國大陸治理代表

負責而排除於改造後黨務，也是蔣想向外表示對失敗負起全責的表現。此舉自是為國民黨內所謂 CC 系定性黨內在野派，為立法院有法案之爭時，蔣每將矛頭指向所謂 CC 系給予助燃柴火。

## 黨外的組訓與動員

1952 年 10 月 31 日，「中國青年反共救國團」正式成立，以時任國防部政治部主任蔣經國為團主任。同年 9 月間實施大專畢業生集中軍校受訓，蔣中正自認「此為創制，對於青年生活影響必大也」（1952 年 9 月上月反省錄）。在全年反省中，蔣記載「其三為青年反共救國團之組織，全省青年學生皆可由黨統一組訓矣。」在蔣的構想中自有藉此一團體穩定青年組訓動員之意。不過，當時即有不同意見。在團體籌備作業期間，雷震已從大學教授薩孟武處獲知「學校當局內心反對，表面則恭維，他認為將來學校內部必發生問題。」[12]《自由中國》也刊登徐復觀撰寫文章，引發團主任蔣經國不悅，透過王新衡 10 月 27、28 日至少兩次向雷震表示不滿之意。到 11 月 5 日毛子水更在自由中國社編輯會議上表示，蔣經國在有中學校長出席會議上表示徐復觀與雷震有「幫助共產黨之嫌」，董作賓繼稱「這種說法是他們抵制他人評論的辦法。」[13]

---

12 傅正主編，《雷震全集》，第 34 冊，「第一個 10 年（四）：1952 年」，頁 121，1952 年 9 月 10 日。

13 傅正主編，《雷震全集》，第 34 冊，「第一個 10 年（四）：1952 年」，

　　《自由中國》往後持續刊登外間批評中國青年反共
救國團意見文章、投書，顯示此一青年組織在蔣中正組建
反共動員體系之時代關鍵意義。而在《自由中國》針對
救國團問題持續批評時，也導致實際主持刊物的雷震與
蔣中正父子關係趨於惡劣。雷震在 1954 年底因《自由中
國》刊登批評救國團介入學校投書，遭到國民黨「註銷」
黨籍。

　　簡言之，蔣中正日記中的 1952 年，在東亞地緣政
治，特別是中（華民國）日（本）關係帶有階段性穩定
時局意義，與前後一年發展環環相扣。在臺灣軍事、黨政
方面，則在清理既有恩怨之同時，可能又埋下新的衝突
因子。

---

　　頁 146-147、151，1952 年 10 月 27-28 日、11 月 5 日。

# 1953／黨統繼承與實力展現

任育德

天主教輔仁大學全人中心兼任副教授

## 引言：有所爭有所不爭

1953 年的政治、軍事重要人事，在集合黨政軍權於一身的蔣中正眼裡，應該就是面對人事之「爭」，終將處理以求解決的局面。在政治面有行政院陳誠、臺灣省政府吳國楨的陳吳之爭。在中華民國與美國軍事合作面，則為政工制度是否存在亦有所爭，蔣於此則選擇擱置不理。蔣中正面對「爭」有不同的考量、處置與決斷，簡要敘述如下。

## 不怕吳國楨

1949 年底，在美國軍政界表達期望蔣中正政權展現改革意願以利爭取美援後，該年初任命為臺灣省主席的陳誠卸任，由吳國楨接替。吳國楨就任省主席後，從 1950 年中至 1951 年中辦理完成臺灣省縣市長省參議員選舉，也持續推展從陳誠省主席時代開始實施以三七五減租為開端的土地改革政策。當陳誠於 1950 年 3 月起出任行政院長，前後任省主席變成中央長官、省政首長職場互動，二

人之「爭」也陸續浮上檯面。隨著 1950 年 6 月韓戰爆發，美國提升支持中華民國政府程度，此後派遣美軍顧問團、提供美援，吳國楨作為政府在臺灣改革地位象徵相形不再重要，而吳國楨與蔣經國、彭孟緝管理的特務系統也發生衝突（見吳國楨口述回憶錄）。1953 年 4 月 10 日，吳國楨辭去臺灣省主席，由俞鴻鈞接替。5 月 24 日，吳國楨夫婦得到邀請前赴美國講學開會，自此滯美未歸。蔣面對吳國楨稱病提出辭呈（兼具測試領導人信任度意義），初仍以緩和方式因應「面慰之，准其養病，一月後再定。」（3 月 4 日）3 月 6 日「與經兒談國楨言行不誠，殊為痛憤」。隨即 3 月 7 日後上星期反省錄出現蔣痛斥文字「吳國楨之不能誠實，其玩弄手段至此，殊所不料。余以精誠待彼，而彼反以虛偽對余，除以其久咳陷入腦病，成為神經質之外，再無其他理由可以解釋其言行矣。豈國人真是皆不值培植，不受愛護如此者乎，可痛。」3 月反省錄再出現批評吳國楨負面文字：「本月所最痛心而難堪者，乃為吳國楨之驕傲狡橫，其言其行有如此者也。」至此，准吳國楨辭職顯然已是必然發展。

4 月 4 日後上星期反省錄的確也看到蔣中正寫下「決心撤換吳國楨與改組省政府」文字。4 月 9 日，蔣面對美國駐中華民國大使藍欽（Karl Lott Rankin）向其職務關係有所交流的王世杰、葉公超、陳誠等人談及慰留吳國楨問題，他敏銳地意識到「彼雖言明不以大使地位說話，辭修等亦皆謂其出於善意，並無干涉內政之意，而事實上則啟

干預人事之端。余乃決心批准國楨辭呈，以免夜長夢多
也。」蔣在約會俞鴻鈞獲得同意直接出任省主席後，「乃
決直接任命，而不用代理方式也。」（4月9日）畢竟，
吳國楨臺灣省政府主席任內，予以國民黨內人士的印象是
「吳氏任職三年，備極辛勤」。接任的俞鴻鈞「為有名理
財家，且富於地方行政經驗」。[1]「吳下俞上」人事任命
案既涉及蔣中正國內政治權威分配實力的展示，也同時涉
及對國際局勢的評估、考量，甚至也融入民族意識，可上
升到「干涉內政」與否的認定。當蔣中正權衡無須選擇因
為美國因素（軍事援助、政治形象）而慰留吳國楨後，仍
須保留一臺階談事，故其在4月10日表示「展期約會」，
等吳國楨卸職案告一段落後再行約見，以示舒緩。此種考
量事後處理的推演，也在蔣行動前有所思考。

## 免職王世杰

　　如果說，吳國楨自臺灣省主席一職卸職，是蔣中正
在韓戰爆發促使美國予以軍援、經援，清理中共潛伏臺
灣地下黨勢力收到效果，確立權力基礎穩固後，無須再
刻意任用政治上親美人士，藉以營造政治改革形象，爭
取美國支持的信號之一。11月間總統府秘書長王世杰
免職事件，則是此一信號的延續，也顯示蔣在內政上想

---

1　吳忠信原著，王文隆主編，《吳忠信日記（1952-1953）》（臺北：民國歷
　史文化學社，2021），1953年4月10日，頁149。

要減少美國羈絆。蔣中正與王世杰為陳納德（Claire Lee Chennault）民航公司與政府間美金一百二十五萬爭執，蔣萌生「余從未見有如此膽大妄為，不講廉恥之幕僚也」的認知，以「蒙混」用詞斥責。（11 月 14 日）11 月 17 日，蔣中正下令將王世杰免職，甚且碰到老友張羣要前來居間緩頰，採取拒絕接見方式應對，堅持免職，視為如果改為自動辭職將有使政府「失信無紀，又如大陸原狀矣」之感覺。蔣顯然在為自己免職王世杰心理狀態尋找認可的理由，將之上升到展現領導人威信、改變政府弊端之舉措。在王世杰身為總統府秘書長屬總統幕僚的情形下，蔣中正最終展現人事任命權操之在己不容質疑的態度。

王世杰免職案可說是有政治副作用的。一如吳忠信以前任總統府秘書長經歷觀察到程序紊亂、於王世杰政治聲譽有損，「兩次新聞公布，並非以國府正式公布，于命令程序不免紊亂。查自國民政府成立以來，如此大員免職，如此程序，尚屬初次，並以蒙混舞弊，有犯刑事，雖免職，案未了，可能繼續發展下去，不管轉變如何，王氏聲譽，一落千丈。」[2] 1958 年 7 月，陳誠以副總統兼行政院長組織內閣時，王世杰始復出政壇擔任不管部政務委員。此外，王世杰免職事經過亦傳至已淡出軍界之徐永昌耳裡，讓徐永昌有「按似前因很多，此次發作之事件恐係

---

2　吳忠信原著，王文隆主編，《吳忠信日記（1952-1953）》，1953 年 11 月 26 日，頁 235。

表面」之評。[3] 甚且由王世杰免職案，臺北政壇又有吳鐵城病逝與王世杰案件有關，以及吳國楨赴美攜帶超額外匯等財務問題謠言散播，[4] 在在顯示不尋常氛圍。

蔣中正在年終反省時，也回憶吳國楨 1949 年底接任省主席態度，上升至敏感民族與領導權問題：一旦臺灣託管，外國就可能以吳為政治傀儡：「彼實自居為臺灣托管專員之候補者，是其用心誠亡國奴之尤者也」（1953 年本年總反省錄）。最終在 1954 年初吳國楨在美國發言為自己辯護，同時抨擊蔣中正治理臺灣局勢事件，給當時正在爭取總統連任的蔣中正些許困擾，惱怒顏面有損之餘，也透過外交、宣傳等方面反擊吳國楨言論，以期扳回顏面。

## 力保政工與白團

如果說，蔣中正在政治上正努力擺脫美國可能的人事羈絆與壓力，表現其在「爭」中的至高分配者地位。在軍事上的處理，顯然在爭取現實資源有所妥協，以硬中有軟的方式應對。中華民國政府在臺灣基礎趨於穩固，是蔣在 1953 年底體認的現實：「較之三年前之今日，則本身環境之優劣險易更不知其進步幾十百千倍矣，余惟聽天待時而已。」（12 月 11 日）而蔣認為共和黨艾森豪當政之

3  〈徐永昌日記〉，1953 年 11 月 19 日。近代春秋 TIS 資訊系統。

4  〈徐永昌日記〉，1953 年 11 月 20 日。近代春秋 TIS 資訊系統。

下，即使英國希望美國跟隨放棄中國政策，但美國基於西太平洋戰略考量，是否能忍受放棄「整個太平洋安全之保障」，他評估是「決不可能也」。在這地緣戰略基礎理解下，蔣中正領導政府和美國軍事連結是無法輕言斷絕，國際冷戰對峙格局未變，也讓退居臺灣的蔣中正政權在更有底氣的同時，也必須接受美國軍事組訓、強化國防，受到美國軍事顧問給予軍事實戰相關組訓、動員新知，也受制軍事顧問為保持美軍優勢而對日本軍事顧問「白團」有所排擠。

蔣中正身為三軍統帥，對於中華民國國軍教育方針也有其想法，以「自主」為理想目標。在美軍顧問團尚未派駐臺灣之前，為整建國軍聘請舊日本帝國軍人，以舊日本帝國軍事教育體制軍事素養、針對中國實務經驗、情蒐資訊訊息，進行國軍高級軍官訓練，此即所謂「白團」。在美軍顧問團進駐臺灣後，美國軍事顧問團對「白團」成員參與國軍軍官訓練自有反對意見。蔣在 1953 年 3 月聽實踐學社教官講述太平洋作戰歷史時，知道舊日本帝國軍隊當年曾出現陸海軍無法協同作戰，且有戰情隱匿不報之事實，而感慨「此皆其陸、海兩軍組織與制度不能統一，以致卒後敗亡之史實也，能不警惕」（3 月 27 日）。此一由日本軍官檢討戰史提出之事顯然也引發蔣中正思考。

在視察國軍第一次在臺灣接受美軍指導進行三軍聯合演習（命名「防風演習」）後，他認為此舉乃為「中國軍事之創局，自多缺憾，而以通信聯絡之缺點最大。其

實聯合演習之中心重點亦在演習通信之聯絡為主也，其
次一般報告人員及其主官之精神與禮節，不應缺失者乃
多缺少，是為最可痛心之事，是將領尚無自強自勉之覺
悟也。」（9月24日日記）獲知軍情發展、不同軍種聯
繫、協同作戰也是美軍在韓戰實戰經驗學到的，而美軍立
即向國軍分析學習及改進過程，且願意和軍事盟友交流，
也為蔣認知。[5] 此一行動得以產生，必須奠基在中華民國
與美國成為反共軍事同盟關係才有可能。蔣在此演習中，
應該是再次理解美國軍事軟實力的表現，以及軍事同盟關
係的穩定發展，從而了解中高級軍事幹部接受美軍引進新
式技術訓練之必要。美國軍事顧問團團長陸軍少將蔡斯
（William Curtis Chase）則不管中華民國軍事統帥聲稱反
攻大陸的訴求，在建議中繼續談及「政治部之戰鬥職掌必
須再加檢討，並須將一般此類業務轉由適當之參謀機構
負責。但此一措施以不影響政工人員非軍事方面之職掌
為度。」[6] 美國軍事顧問團仍然關注政工人員在正規戰鬥
中，對於前線指揮權可能的影響，這也是蔣中正、蔣經
國父子日後必須解決的問題之一。蔣此時顯然選擇「暫
置不理」策略，以蔡斯「無理干涉」為理由堅持自主。

　　8月間，蔣中正和彭孟緝（時任革命實踐研究院主
任）談話就軍事教育方針決定，「余認為參謀作戰計畫之

5　〈42年秋季國軍聯合（防風）演習講評〉，頁1，《蔣中正總統文物》，
　　國史館典藏號：002-110703-00074-001。

6　〈42年秋季國軍聯合（防風）演習講評〉，頁103。

業務訓練，應參照美軍軍事科學之精神及其技術的訓練。
而作戰命令下達以後，對於戰況變化之運用，其指揮精神
與學術的磨鍊應參戰〔照〕日本軍事訓練之方式為上，以
期我國軍事教育能建立自主之制式也。」（8月1日）「召
見防校首席顧問，談美國陸軍大學課程與內容，對我國學
制之研究甚有益也」。（8月31日）從1953年開始，日
本教官改以「實踐學社」方式運作，儘管面臨美軍顧問
團、孫立人反對，仍舊秘密召訓學員受訓，甚且也成為蔣
記入年終總反省素材之一。這顯示蔣中正為了在臺灣重建
他心目中理想的自主軍隊樣式：具有美國軍事裝備、科學
精神、技術訓練，日本軍事指揮精神、鑽研學術的混合
體。也因此，蔣中正對所謂在外交辭令強調美國是與中華
民國具有「傳統友誼」，在軍事人員教育層面操作表裡互
用的現實手法。

## 孫中山的繼承者

　　蔣中正身為國民黨總裁，是總理孫文之後另一位享
有專屬黨內職位代稱的黨領袖。中國古語有「立德、立
功、立言」三不朽之說，蔣期許為孫文的黨統繼承者，要
「立言」以承續「黨統」的著作，自不可少。事實上，近
代史家張朋園曾經指出：在孫文逝世後，接受孫氏革命啟
蒙胡漢民、汪兆銘以學生之姿動筆詮釋訓政、製作太原憲
草。蔣中正則從長官部屬關係，師生關係比之，且追隨孫
文時間比胡、汪為晚。但他後來居上，以保甲制度代替孫

文所提「地方自治」，又從法西斯主義重視民族主義得到靈感，尋求以強人領袖領導精英發揚革命精神，最終到1975年逝世時不改威權統治。[7] 以胡、汪均為長於動筆的文人，以軍事起家的蔣顯非慣於動筆輩者，要動筆、選擇何種議題著手並非易事。

孫文曾於廣東宣講《三民主義》，民生主義至四講後即因北行赴京中止，隨著孫文1924年病逝北京，育、樂二章並未以完整面貌問世。蔣中正要接續黨統，完成孫文闕漏之敘述，最後成為蔣建構黨統的思想工程之一。1943年蔣中正《中國之命運》可視為從民族主義面，因應當時環境發展出一套論點，但蔣顯然不以「立言」、「繼志」為已足。蔣中正從身為國民黨總裁、軍事委員會委員長、國民政府主席再到總統，每日公務軍務行事甚多，已難全心寫作，透過得力能「搖筆桿」的幕僚長依照蔣中正口授意旨撰寫初稿，再經他審閱、反覆修改定稿宣講，已是蔣長篇文件創作樣態，《民生主義育樂兩篇補述》亦復如此。蔣中正的幕僚長陳布雷乃新聞記者出身，於1948年底亡故，1949年後就由陶希聖出任蔣的幕後初稿撰寫者。

1953年5月底，蔣中正審閱陶希聖完成《民生主義育樂兩篇補述》初稿，在日記中記載「對於樂章甚不健全

---

7　詳見張朋園，《從民權到威權：孫中山的訓政思想與轉折兼論黨人繼志述事》（臺北：中央研究院近代史研究所，2015），頁96-148。

也，須重加修正。」「批示育與樂二章之增減各要旨，樂
章以藝術為主，分文藝與武藝二篇，而以發展提倡獎進詩
詞歌曲為要務之一，以地方自治機構為其（主體）發動之
本源，使之務實有恆，並以真實美為藝術之精神。」（5
月 26 日）而我們同時參看蔣給予陶希聖指示修改方向，
或可更明瞭具體想法：

> 陶總講座。育與樂兩篇審閱後，育篇大致不錯，只在
> 兒童教育方面，以及托兒所、保育院與小兒科醫藥治
> 療部分，加以補充。對於養生（老）送死部分，多考
> 古時制度，加以引徵可也。至於樂篇，似以藝術為主
> 體，內分文藝與武藝等各章。甲、武藝：即古之禮樂
> 射御為主要之內容，并多考據古時各種武藝，而加之
> 於今日之武藝，如旅行、露營、野餐，以及獎進空
> 氣、日光、水、大自然之享受、球類體育等各種比賽
> 以補之；乙、文藝以書數琴棋畫刊詩詞歌曲之提倡獎
> 勵，與普遍發展電影、廣播等大眾文藝，使每一男女
> 老幼，都能享受其康樂之福利，而以地方自治機構為
> 其主動，服務輔導，使之持久不墮，有恆務實，并以
> 求真、求實、求美，為藝術之目的，而以實現大同篇
> 之目標為結論。但原文仍多可採用，只要將余所述各
> 點，與原文參酌，加以修補可也。[8]

---

8　「蔣中正指示陶希聖民生主義育樂兩篇補述修正要點」，〈籌筆—戡亂時期

　　讀者當可在蔣中正指示中發現，他認可現代化規模的福利救濟，強調「從娃娃照顧起」，照顧兒童的目的則在培養具備古今內涵的「武藝」，體育類活動也劃歸「武藝」範圍，顯然意在中華民國國民有健康的身體，才能有助於一旦戰爭發生時，擁有健康的兵源，基礎出發思路在「軍事化」。這和蔣在 1930 年代的「新生活」運動訴求身體健康管理，其精神有一脈相承之處。蔣中正就最終理想願景的想像，訴諸中國傳統經典禮運大同篇的目標，究竟是傳統的回歸，抑或是個人想像的限制所致？或許是一個可以開放討論的問題。但蔣中正不長於玄虛面思考，而更感興趣於實際面作法，或許也反應他知識基礎的構築，在傳統經典面的影響及理解，是高過於現代知識面的影響及理解。這種要將現代用語內涵和古典經典內容相接榫，涉及個人內容理解、價值取捨，顯然也是蔣在意的。我們在7 月 20 日日記蔣閱讀第三次稿感想，可以略窺一二：

> 續修育樂篇補述第三次稿件，正午已脫稿。此為三個月來不斷之研究，亦為二十年來想作而未敢擅作之重大任務，幸於今日初成，不僅聊以自慰，亦可告慰於總理，以補其民生主義講稿未完之遺憾乎。
> ……

---

（二十）〉，《蔣中正總統文物》，國史館典藏號：002-010400-00020-042。

午課後增補育樂篇之家庭與公民教育各節內之重要內
容（六行與四維以及積極、負責與服務精神），加以
充實，存心自得，乃可無遺缺乎。

顯然蔣中正認為此舉完成「二十年想作而未敢擅作
之最大任務」，是他繼承「黨統」的重要思想工程之一。
但是為什麼「二十年想作」而作不成，此時卻能成的原
因？是否在於可與蔣「爭黨統」的思想言論競爭對手已經
不再存在呢？至該年 11 月 14 日，蔣中正正式在中國國民
黨七屆三中全會宣讀《民生主義育樂兩篇補述》後，全會
閉幕。他的感想在日記中看似淡薄：「到全會主席，宣讀
樂與育二篇補述，全文發表，以誌民生主義講詞補足之紀
念也。」（11 月 14 日）但「補足」之意中間所付出的代
價與意義，已超出字面內容。此一巨大喜悅，或許正為同
時間爆發兩航案的人事紛擾，而讓他無暇多想多言，但他
點出「民生主義補足」，將自己與孫文道統相承意義，似
已不言自明。

※　　　　　※　　　　　※

蔣中正曾經在 1950 年 5 月的公開文告宣稱：「一年
準備，二年反攻，三年掃蕩，五年成功」。[9] 到 1953 年

---

9　蔣中正，〈為撤退舟山、海南國軍告大陸同胞書〉（1950 年 5 月 16 日），

已經過半，顯見文告的預想尚未成真。可是，以不放棄個性撐持至今的蔣中正仍不輕言放棄。他在該年仍寄望軍事反攻的實現：「余信今日匪軍人數雖甚澎大，但其對基本條件必未注意，更未着手於此，而且其政治與經濟制度完全違反我國情與民心，只要我能在基本條件與組織制度上日有進步與力謀健全，則但問耕種不問收獲，何必計較反共抗俄之何日成功耶。」（雜錄）蔣在這番言詞中，以中共為競爭敵手，強化自身存在實力及基礎，不僅可自我生存，也是日後進攻的基礎的態度，已清晰浮現。

秦孝儀主編，《總統蔣公思想言論總集》（臺北：中國國民黨中央委員會黨史委員會，1984），卷 32 書告，頁 266。

# 1954／排除萬難步入正軌

林桶法

天主教輔仁大學歷史學系名譽教授

## 引言：斷裂與延續

　　蔣中正自復行視事後，積極於黨政軍的各項整頓，迄 1954 年四年間已有具體而顯著的成果。臺灣安全方面，在美國總統杜魯門（Harry S. Truman）宣示「防止對臺灣之任何攻擊」，派遣第七艦隊巡弋臺海，對岌岌可危的臺灣局勢，提供相對安全保障。當然美國協防臺灣有其現實主義與利益主義的考量，杜魯門的目的在牽制中共全力支援韓戰，避免中共在臺海另開一個戰場，這項宣言即是「臺海中立化」的濫觴。[1]另一方面，安撫國內對美國「失去中國」不滿的同情國民政府人士，使彼等認為杜魯門實際上並未漠視臺灣的安全，美國當局將不會放棄臺灣。

　　當時臺灣既需要美國在各方面的協助，然而美國白宮、國務院、軍方對中華民國的政策仍有歧見。因此雙方

---

1　李明，〈韓戰前後的美國對華政策〉，「中國近代史的再思考」國際學術研討會（中央研究院近代史研究所，2005 年 6 月 29 日 - 7 月 1 日），頁 11。

常處於既合作又角力的情勢,以軍隊的整編為例,雙方對於整編的目的(增強國軍武力)及行動上一致,但國軍提出之整編數量,美方不同意,1954 年 2 月 12 日蔣中正與美國駐臺大使藍欽(Karl Lott Rankin)談話提到整編數量時強調:「二十四個步兵師之數目無論如何不能再少,否則對士氣影響太大。」蔡斯則認為:「余深信華府方面僅允供給二十一個師。」[2] 國軍加強軍隊思想訓練,著重政工制度的落實,美國不表贊同。對大陸沿海的政策方面,第七艦隊協防臺灣,但不包括大陸沿海島嶼,藍欽提到:「我方軍援及第七艦隊巡邏範圍擴展至外圍島嶼事,大使館及顧問團年來曾再三呼籲,迄無具體結果。」[3] 此外,美國亦不支持臺灣以武力反攻,對國軍軍事反攻的立場而言無疑是一種掣肘。在美援臺灣的同時,美國甚或干涉臺灣的人事安排,蔣經國提到:「美國人為更調海軍總司令事曾出異議,我對此表示憤慨,父親亦為此而頗感憂慮,海總人事之調動已成過去,但美國人之干涉,今後必更加強,不可不有所準備也。」[4] 雙方的立場不同,種下 1950 年代臺灣發生的「孫立人事件」、「吳國楨案」的原因。從 1954 年蔣中正日記可以看到政府遷臺前後外

---

2 〈蔣中正與美國駐華大使藍欽、美國軍事援華顧問團團長蔡斯等關於支援外島游擊部隊之權責移轉問題等談話紀錄〉,《軍事 —— 蔣中正與美方將領談話紀錄(二)》,《蔣經國總統文物》,國史館藏,典藏號:005-010202-00089-004。

3 〈外交 —— 蔣中正接見美方代表談話紀錄(十七)〉,《蔣經國總統文物》,國史館典藏號:005-010205-00079-011。

4 「蔣經國日記」,1952 年 4 月 7 日。

交、軍事、政治甚或人事的斷裂與延續。

# 反共義士「來歸」

　　韓戰的後續方面，1953 年 7 月 27 日南北韓在板門店簽署停戰協定，以北緯三十八度線作為分界線，南北各二公里寬設立非軍事區。戰事在此暫時畫下休止符，但後續包括遣俘問題仍有待處理。戰爭期間，中國人民志願軍戰俘超過二萬人，雙方在停戰協定簽署後陸續交換戰俘，由印度等五個中立國組成遣返委員會監督處理。中共堅持要求將所有志願軍戰俘遣返回到中國，聯合國軍拒絕中共請求，尊重戰俘意願，讓他們自由決定去向，最終，只有四四○人回到中國大陸，十二人去印度，大約一萬四千餘人，選擇到臺灣，1954 年 1 月 20 日蔣中正日記提到：「在韓反共華俘自本晨起由中立區印度營出發歸還聯合國，向仁川方面集中來臺，至晚間仍平順進行，共匪不敢阻礙，如此事能如計實現是乃我反共陣線之一重大勝利，今後反攻軍事更易為力矣。」最後分三批來臺，首批於 1 月 23 日抵達基隆。

　　蔣為此特別致電艾森豪（Dwight David Eisenhower）申致謝意：「閣下領導下之美國政府關於此事不折不撓之長期努力，本國政府及人民深為感佩。」[5] 當天日記提到：「留韓之義俘已於二十日由印度營遣放矣，此為五年

5　秦孝儀總編，《總統蔣公大事長編初稿》（臺北：中正文教基金會，2008），卷 13，頁 14。

以來精神上對俄共鬥爭之重大勝利。」（1 月 23 日後上
星期反省錄），2 月 10 日記到：「一、反共形勢美國領
導已漸取積極。二、韓國停戰不能不說是聯合國第一步之
勝利，此為共匪失敗之開始。」（2 月 10 日）

## 罷免李宗仁與第二任總統副總統選舉

罷免李宗仁方面，1949 年 1 月 21 日蔣中正下野，李
宗仁代行總統職務，積極推動國共和談，「北平和談」失
敗之後，國軍局勢岌岌可危，李自知無法收拾殘局，12
月以就醫為由赴美不歸，1950 年 1 月 18 日，監察院在臺
北開會，討論事先起草的致李宗仁電文，指責李「於戰局
危岌之際，遽離中樞」已造成違法失職，但討論時意見紛
歧，莫衷一是。2 月 14 日，國民黨中央非常委員會委員
居正、于右任、何應欽、閻錫山等九人聯名致電李宗仁，
要求他在 24 日立法院開會之前返臺。15 日，國民大會代
表三百餘人簽名，提出罷免書。同時國民大會積極推動蔣
中正復行視事，3 月 1 日，蔣復行視事，美國總統杜魯門
也承認蔣的領導地位。

李宗仁對於臺灣方面的各項指責深表不滿，國民大
會代表則繼續醞釀彈劾李宗仁，蔣中正認為應由監察院
處理，1952 年 1 月 11 日監察院通過彈劾副總統違法失職
案。到 1954 年蔣仍認為罷免李宗仁沒有急迫性，3 月 7
日日記提到：「對李宗仁彈劾罷免案應設法取消或擱置，
以其人格已經破產，其人已等於死亡，何必再有此案，以

玷污憲政第一頁之歷史，徒使吾黨示人以不廣，而且如實行罷免對於反共抗俄之局勢毫無補益，故決心取消。」（3月7日）但整個政治氛圍已形成共識，3月10日，第一屆國民大會第二次會議，依《總統副總統選舉罷免法》討論是否罷免，出席大會代表一四八六人，無記名投票同意者一四〇三人，過法定人數成功罷免副總統李宗仁，並經大會決議「改選在即，副總統遺缺不再補選」，至此罷免副總統李宗仁告一段落。

　　隨之而來的是總統選舉，為了治理的合法性，1954年展開第二屆總統副總統的選舉期程，根據中華民國憲法，選舉總統或副總統皆由國大代表以間接選舉方式執行。3月20日舉行第一次選舉大會，依照總統副總統選舉罷免法第四條第三項第一款之規定，「得以代表總額過半數之票數者為當選」，必須為本屆全體國民大會代表總額（三〇四五）的過半數（即一五二三）始可當選，選舉結果蔣中正得一千三百八十七票，徐傅霖得一百七十二票。主席胡適宣佈，以兩位總統候選人所得票數，均未到法定過半數，依法應重行投票選舉。

　　3月22日舉行第二次選舉大會，選舉結果蔣獲得一五〇七票，中國民社黨徐傅霖獲得四十八票；[6] 副總統選舉方面，陳誠獲得一四一七票，石志泉獲得一〇九票，蔣中正、陳誠當選為第二屆總統、副總統，當天蔣的日記

---

6　吳忠信原著，王文隆主編，《吳忠信日記（1954）》（臺北：民國歷史文化學社，2021），頁31。

雖頗為感動，但也指責桂系：「本日國民大會第二次選舉
總統，以一千五百○七票當選，而徐傅霖亦得四十八票。
上午大雨，全體代表只有二人未出席，其一為余本人，另
一為產婦不能出席，其他一千五百七十六人皆冒雨出席，
其中多有從醫院擔架到會者，踴躍如此，殊為可感。惟
其中有空白票十六，據報係桂系所為，可痛。」（3 月
22 日）

## 吳國楨案

　　人事紛爭方面，處理吳國楨案甚為棘手，吳國楨擔
任過大陸時期的上海市長等要職，與美國關係密切，來臺
之後與陳誠及蔣經國發生衝突，在美國的關切下，取代陳
誠成為臺灣省主席，人事糾葛不斷，1952 年 1 月 29 日蔣
經國日記提到：「訪彭孟緝於其家中，他提起吳國楨和孫
立人兩人之事，並說及其工作環境之困難，內部不能團結
是一種致命傷，可嘆可憂。」吳國楨始終以辭職作為要
脅，蔣經國 2 月 23 日談到當時的辭職文化，提到：「陳
誠、周至柔、吳國楨每在『不如己意』的時候，就提出要
辭職，軍人方面，孫立人亦是如此。」[7] 1953 年 4 月 10 日
蔣中正批准吳的辭呈，由俞鴻鈞任主席。5 月 24 日，吳
赴美，在美國陸續發表譴責臺灣當局。

　　1954 年 2 月 6 日蔣中正日記提到：「國楨言行漸近

7　「蔣經國日記」，1952 年 1 月 29 日、2 月 23 日。

於威脅與越軌，態度仍應導之以理，使之覺悟復常，由曉峯代為勸慰之。」2月18日：「聞吳國楨在美反宣傳，謂政府不民主運動，美報反對政府。霍華德系報紙本一向擁護我政府，而今居然以吳之談話為據，題為『警告蔣總統』，開始反對矣。吳之虛偽欺詐、本無氣質之人，惟有絕望而已。」2月19日：「吳國楨已公開反動，必欲損毀政府之險惡言行已經暴露，若不設法防止，必將如毛邦初毀謗欺詐案之重演。」3月2日：「吳逆國楨違法亂紀，挾美自重之行為，若不從速懲治，則將來第二、第三之吳國楨必相繼續出，故應依法處治：甲、准張再加斥責，以明其罪惡。乙、着即以違法亂紀罪撤職查辦或准予辭職，至其任職期內之所有職務，真相事實如何交行政人員懲戒委員會公布依法處理。丙、追究其上海任內及其交卸之手續與實際情行如何，以及其上海市銀行（帳冊）賣空買空，屯積糧食，操縱貿利，有否混水摸魚之情形，一併澈查。」蔣經國3月2日日記亦提到：「昨日養浩在劍潭談及目前政治之暗潮，無非是互爭權利之事。吳國楨在美發表反政府言論，極為痛心，聞之煩愁。」[8] 吳不斷來函國民大會，蔣決定不予受理，但各界已無法容忍，3月17日，國民黨中央常會，決定開除吳國楨之黨籍，並開始調查其任職期間的貪瀆行為。吳國楨繼續在美國《展望》雜誌發表攻擊政府及蔣經國之文章。國民黨亦蒐集吳擔任上

---

8　「蔣經國日記」，1954年3月2日。

海市市長以來的不法事證。其他方面有關孫立人的態度也
頗費蔣許多心思。

## 中美共同防禦條約

　　外交方面，中華民國政府遷臺之後，外交、軍事、
人事成為 1950 年代的重要三角習題，且彼此互有關聯，
美國對華政策不斷變動，顧維鈞與蔣經國談話時提到：
「美國為了自己的利益，亦可以做出違背自己良心的
事。」[9] 1950 年 6 月韓戰爆發後，美國第七艦隊協防臺
灣。美國加速與亞洲各國簽訂軍事同盟條約以防禦共產
勢力的擴張。1951 年 8 月，美菲簽定「美菲共同防禦條
約」，9 月美國在舊金山召集對日和會，簽定「舊金山和
約」。並在「舊金山和約」的架構下，美日簽定「日美安
全保障條約」。以此美國取得長期駐軍日本的權利，並使
日本成為美軍在東亞最大的據點。1953 年 8 月，美韓在
「朝鮮半島停戰協定」之後不久簽訂「美韓共同防禦條
約」。1954 年 9 月 8 日，美國與英、法、澳洲、新加坡、
泰國、菲律賓、巴基斯坦在馬尼拉簽定「東南亞集體防禦
條約」並建立東南亞公約組織。9 月，美國國務卿杜勒斯
（John Foster Dulles）訪問臺灣，拜會蔣討論中美有關問
題。[10] 1954 年 9 月 3 日中共砲轟金門，出現第一次臺海

---

9　「蔣經國日記」，1953 年 10 月 12 日。
10　1954 年 4 月，中華民國向美國提出加入「東南亞公約組織會議」，
　　但美國國務院相當躊躇，知道英國會反對臺灣加入。中華民國轉而

危機，中共企圖解放臺灣，並測試美國對亞洲多邊防衛的承諾，和阻止美國與臺灣簽訂共同防禦條約。

10月28日，美國國家安全會議（National Security Council）討論時，艾森豪不顧軍方的反對，採納了杜勒斯提議，決定與臺灣談判條約。11月2日，雙方開始在華府會談條約細節，11月6日蔣電葉公超同意中美共同防禦條約的條文，認為：「此一協定如果美國會能夠通過，則對內對外增加無比安定力。」（11月7日日記）臺方主張條約適用範圍應包括臺澎金馬在內，美國則堅持只包括臺灣島及澎湖，美國不願為保衛外島而戰，但也不願看到中共以武力攻取外島；臺方再三保證，除有限的自衛外，國軍對中國大陸採取軍事行動必先取得美國同意。

11月初，解放軍開始轟炸大陳島、一江山島和馬祖，用以試探美國協防臺灣外圍島嶼的態度。面對毛澤東的威脅，美國被迫加速與臺灣談判防禦條約。12月2日，杜勒斯和外交部長葉公超在華府簽署談判已久的「中華民國與美利堅合眾國共同防禦條約」，這個條約適用範圍僅指臺灣及澎湖諸島，對遭受中國攻擊的外島，美國的承諾含含糊糊，美國只肯表示，在極端狀況下，美軍協防的範圍延伸到「可能由雙方共同同意所決定的其他地區」。12月3日，《中美共同防禦條約》於美國華盛頓正式簽字。蔣中正日記提到：「中美互助協定已於三日晨正式簽訂成

---

向美國提出簽訂共同防禦條約，美國國務卿杜勒斯不肯談判該防禦條約，他企圖保持與中共關係的靈活性。

立，此乃十年蒙恥忍辱，五年苦撐奮鬥之結果，從此我臺灣反攻基地始得確定，大陸民心，乃克振奮，此誠黑暗中一線之曙光，難怪共匪之叫囂咒罵，可知其心理之恐怖為何矣，天父賜我如此之厚，能不勉歟。」（12月4日後上星期反省錄）12月10日蔣電葉公超請代向艾森豪總統表示中美共同防禦條約對太平洋東西兩大民族開啟新里程碑。[11]

　　與中共的軍事紛爭，主要有「九三砲戰」及中共轟炸大陳島，9月3日，中華人民共和國砲轟金門，造成當地軍民重大傷亡，還炸死兩位美軍顧問。毛澤東欲藉砲戰解放臺灣，12小時中發射六千枚砲彈，9月4日蔣中正提到：「金門當面之共匪，廈門一帶砲兵對我猛射（於星期六、日下午）六千餘發，金門碼頭被毀，我軍官兵死傷五十餘名，其中有美軍官中校二員，惟海軍並無損失。我國防部即欲用空軍向其報復，以美顧問要求其向太平洋海總請示同意後再實施，以免誤會，故暫未實施報復，但余命海空軍即時準備，協同毀滅匪方所有之砲兵陣地及其船艦矣。」（9月4日後上星期反省錄）其實國軍艦艇有三艘被重創，四艘被擊傷。9月5日上午，經臺美協商後，金門守軍奉令還擊，海空軍對廈門進行報復性轟炸。九三砲戰一直持續到9月22日。這是1950年後中國第一次「炮擊金門」，引發第一起臺海危機。這次戰事規模雖然不

11　〈蔣中正致葉公超代向艾森豪表示中美協定成立之重要意義〉，《蔣中正總統文物》，國史館典藏號：002-010400-00023-052。

大,但給中美臺關係帶來深遠影響,間接促成了 1954 年
12 月《中美共同防禦條約》的簽訂,雙方軍事同盟從此
成形。中共自 11 月中開始大規模攻擊國軍在大陸沿海根
據地,特別是大陳地區,導致 1955 年國軍從大陳撤退,
至此沿海根據已全部為中共所佔據。

　　軍事上,整編計畫仍繼續進行,除積極向美國爭取
整編陸軍二十四個師(美方仍維持二十一個師)外,繼續
推動政工制度的改革,並強調軍政、軍令系統必須一致,
指揮系統業務必須純一,凡非作戰指揮有直接關係之業
務,皆應歸屬於軍政機構。(6 月 15 日)
　　政治上,該年進行縣市長選舉,結果臺北市長高玉
樹與嘉義縣長李茂松非國民黨籍,除了祝賀之外,蔣要求
國民黨應徹底檢討失敗的原因,最應注意者:甲、臺省阿
海派之態度與今後方針。乙、惟才是用,不能偏重半山
派。丙、人民對本黨之心理與態度,以及今後之政策與宣
傳方針。(5 月 4 日日記)
　　這一年許多人事糾葛已陸續解決,政治進入軌道,
而國軍在大陸沿海根據地遭到攻擊,不過,臺灣的安全,
因為中美共同防禦條約的簽訂,獲得進一步的保障,也象
徵中美關係,或臺灣在美國東亞布局中,有一定的地位與
角色。

# 《蔣中正日記》研究蔣中正

劉維開

國立政治大學歷史學系退休教授

## 前言

　　蔣中正作為 20 世紀中國最有影響力的人物之一，職掌軍政大權長達五十年，其日記之重要性自不待言。2006 年 3 月起，美國史丹佛大學胡佛研究所陸續開放方智怡寄存在該所之蔣中正日記，自 1917 至 1972 年，共五十五年。

　　蔣中正日記的開放，是研究者長期以來的期待，對蔣中正或民國史等相關研究實有重要影響。事實上在蔣中正日記正式對外開放之前，已經有多種以日記為主要內容，或曾經參閱日記而編輯或撰著的傳記類書籍，[1] 其所引用日記資料普遍為學者參考，如毛思誠編《民國十五年以前之蔣介石先生》、董顯光撰《中國最高領袖蔣介石》、日本《產經新聞》古屋奎二編著《蔣總統秘錄》、秦孝儀總編纂《總統蔣公大事長編初稿》及現存臺北國史

---

1　「傳記類書籍」係依國立中央圖書館編目組編，《蔣中正先生論著目錄》（臺北：中國國民黨中央黨史委員會孫逸仙博士圖書館、國立編譯館、國立中央圖書館，1986）之分類。

館《蔣中正總統文物》之《事略稿本》與《五記》等。

## 毛思誠編《民國十五年以前之蔣介石先生》

在蔣中正的傳記類書籍中，毛思誠編纂之《民國十五年以前之蔣介石先生》，是最早參閱日記，並引用作為主要資料者。

毛思誠是蔣中正在家鄉讀書時期的老師，原名裕稱，字彩宇，號勉廬。1873 年出生浙江奉化剡源鄉岩頭村（後屬溪口鎮）。早歲以寧波府學廩生身分，先後在府治崇正學校、金華府中學堂任教，1899 年返岩頭村設學館，1902 年蔣中正入館，隨其學習《左傳》、《綱鑑》等。

學館結束後，曾於奉化龍津學堂、鎮海培玉兩等小學堂、寧波府中學堂、衢州省立第八師範學校等校執教。1925 年 4 月，應蔣中正之邀，至廣東黃埔任陸軍軍官學校秘書處少校秘書兼校史編纂委員會委員；1926 年 5 月任廣東省潮陽縣縣長，八個月後辭職，返回故里。1927 年 7 月，任國民革命軍總司令部中校秘書，嗣後歷任總司令辦公廳文書科上校科長、中央第一編遣區辦事處總務局文書課上

校課長、陸海空軍總司令部副官處文書科上校科長、兼國民革命軍戰史編纂委員會常務委員、國民政府主席辦公室秘書、國民政府秘書等職，1934 年 7 月任國民政府監察院監察委員。1937 年全面抗戰發生後，因病未隨政府西遷，返鄉休養；1939 年 7 月 5 日病逝於奉化，11 月，國民政府明令褒揚，令文曰：「監察院監察委員毛思誠，學問深純，志行高潔。早歲教授閭里，弼成曠代英哲。比年膺風憲之任，公忠勤慎，匡益尤多。迺以切念時艱，憂勞致疾，遽聞溘逝，悼惜良深，應予明令褒揚，以重耆賢而資矜式。」其中「早歲教授閭里，弼成曠代英哲」兩句，明確說明毛、蔣兩人的關係。

蔣中正入毛思誠學館讀書時，已與該村之毛福梅結婚，岩頭村實為其岳家所在。蔣在學館的日常行徑雖狂放不羈，但心性上已有所收斂，毛氏曾記述其學習情形：「其戲嬉也，以講舍為舞台，以同學為玩物，狂態不可一世；迨伏案讀書，或握管構思，雖百紛囂然於其側，冥無所覺，一剎那間，靜躁如出兩人，思誠深異焉。」[2] 蔣氏對於童年時期曾經教過他的幾位老師，大多沒有好評，且頗為嫌惡，毛思誠是少數的例外。除了毛思誠之學問、人品深受蔣尊重外，和毛氏堂弟毛學誠及次子毛葆節與蔣的交誼有一定關係。毛學誠在毛氏學館與蔣同學，交情甚篤，並結為金蘭，1907 年 9 月因病逝世，年僅二十二歲。

2　中國第二歷史檔案館編，《蔣介石年譜初稿》（北京：檔案出版社，1992），頁 9。

毛思誠年紀長毛學誠十二歲，對其十分疼惜，曾撰〈哭亡弟遜廬絕句二十首〉，以為悼念。毛思誠次子毛葆節早年在廣州追隨孫中山革命，曾任大元帥府東路討賊軍總司令部軍械處中尉處員、福建惠安縣財政委員等，1924 年陸軍軍官學校成立後，入該校第一期就讀，未幾因病入廣州市立醫院治療，住院一月，藥石罔效逝世，8 月 4 日軍校為其與另位病逝之學生吳秉禮舉行聯合追悼會，孫中山手書「遺恨何如」輓額悼念，並親臨主祭，校長蔣中正、黨代表廖仲愷、中央執行委員胡漢民、汪兆銘、張繼、外交總長伍朝樞、湘軍總司令譚延闓等，及駐廣州各部隊蒞會者數千人參加了追悼會，備極哀榮。毛氏曾有〈次兒葆節客死廣州聞耗逾月痛略定哭以長句十首〉，誌其哀痛。

毛思誠於 1925 年 4 月應蔣中正之邀，至廣州任軍校秘書兼校史編纂委員會委員。廣州為其傷心地，由此一時期詩作，如〈粵海輪次寄東臥〉（四首）、〈介卿書來問起居賦此答之〉及〈黃埔陸軍軍官學校作〉等來看，心情頗為抑鬱，處境亦十分困窘。而蔣之所以邀其至廣州，研究者分析一是在蔣周圍缺少像毛思誠這樣學識深厚的人才；一是受「帶兵就要帶親兵」影響，重用同鄉；一是蔣知道毛的生活並不寬裕而予以照顧。[3] 1926 年 5 月，毛氏調任潮陽縣縣長，此係蔣為準備北伐所進行之人事安排，然毛氏以「我本一書生，從政非所長」，蒞任未久即有

---

3　汪校芳編注，《勉廬遺養——蔣介石最敬重的老師毛思誠》（香港：天馬出版有限公司，2010），頁 58。

不如歸去之歎，終於 1927 年 1 月辭職，前後僅八個月，4 月返回奉化。[4] 蔣得毛氏辭職返鄉之訊息，知其個性不適合為首長，乃邀至國民革命軍總司令部任幕僚職，負責文書方面業務，此後毛氏即長期追隨蔣。毛氏工作勤慎，「終朝兀坐不輕離，直把公廳當燕私」，保薦屬員升職，恆感左右為難，對於人事請託，則是「鄉情友誼淡相忘，辟掾惟憑玉尺量」；[5] 深受蔣尊敬與信任，除日常文書業務外，個人文件，如日記、函電、文稿等亦交其整理保管。[6]

　　毛思誠所保管之蔣資料，據其孫毛丁表示，包括四十四部日記、手卷、畢業文憑、公牘等，經歷文革之後，獻交中共政權，由南京中國第二歷史檔案館接收保管，為蔣中正個人函電及公務文電等共計一八二卷。毛思誠在這些資料的基礎上，先將早年文稿編輯《自反錄》，於 1931 年 5 月出版；復仿照《曾文正公日記類抄》的體例，將日記分類摘抄，計有黨政、軍務、學行、文事、雜俎、旅游、家庭、身體、氣象等類，統名為《蔣介石日記類抄》，以資參考。1937 年返鄉休養期間，曾編撰《蔣介石大事年表》，而最受到各界重視者，為 1937 年 3 月出版之《民國十五年以前之蔣介石先生》。

---

4　毛思誠，〈離任感賦〉，汪校芳編注，《勉廬遺養——蔣介石最敬重的老師毛思誠》，頁 73。

5　毛思誠，〈總司令部文書科雜感〉，汪校芳編注，《勉廬遺養——蔣介石最敬重的老師毛思誠》，頁 91-97。

6　毛思誠之孫毛丁回答蔣為何對毛思誠特別關照時，稱：「人之相敬敬於品。我認為這是蔣介石敬重我祖父的人品。」見汪校芳編注，《勉廬遺養——蔣介石最敬重的老師毛思誠》，頁 4。

　　《民國十五年以前之蔣介石先生》實為蔣中正一歲至四十歲之紀年史，全稿分為幼年、少年、留學、光復、邅難、韜養、黃埔訓練、北伐開始八個時期，每時期列為一編，共八編；原名《蔣公介石年譜初稿》，[7] 1937 年 3 月印行時更名。毛思誠手書跋語，敘述成書經過，謂：「先生（按：蔣中正）以縅縢數具，親付收藏，檢其中所儲者。手卷也、日記也、公牘也，其餘雜存也，反覆披覽，悉外間所不克見，而為歷來珍秘之故楮，驚喜以獲至寶。於是什襲以庋之，次比以鈔之，益以公署檔冊，清閣書報，而稚齡故事，則多得於里社傳誦，時日致勤，綴成此編。」為求慎重，曾三易其稿，並送請于右任、吳稚暉、陳布雷等提供意見，復經蔣親自審閱，始成定稿。毛氏對該書之期許甚高，他認為當時書肆中之蔣傳記「種類雖多，非空架議論，即虛構故實，而於追敘其家世，暨前半經歷，舛謬百出，去先生之真相彌遠」，因此「不有傳信記實之作，益將淆世人之視聽」，而他與蔣同鄉，「夙叨不棄，近且追隨逾十年，此事深引為己責，因竊哀集斯編，成為實錄，自信與道聽塗說，類於稗官之種種刊物，取徑截然殊異。而先生之整個事跡精神，得藉以存其放失，俾舉世不至傳偽，而修黨國史者，亦有所取證焉」。[8]

---

7　《蔣公介石年譜初稿》一名，見中國第二歷史檔案館編《蔣中正年譜初稿》（北京：檔案出版社，1992）之「編輯說明」；毛思誠之孫毛丁稱該書完成時，初名《蔣介石先生四十年年譜》，見汪校芳編注，《勉廬遺養──蔣介石最敬重的老師毛思誠》，頁 155。

8　中國第二歷史檔案館編，《蔣中正年譜初稿》，頁 884。

　　蔣十分重視此書，對於重要問題往往親加按語，如1926 年，蔣即註明：「本年為誓師北伐之年，亦為中國國民黨與共產鬥爭之年，中國存亡，革命成敗之機，皆在於此也。」[9] 並於 1945 年重加審閱，發現「毛先生將余十八歲仍肄業鳳麓之年，誤編為肄業箭金學校顧先生之年，故十八歲至二十四歲編事，皆須推後一年，此一發現甚為重要，不然將來年譜又成疑問矣」，[10] 於 1948 年，出版由陳布雷署名之校訂本。

　　《民國十五年以前之蔣介石先生》之體例採「編年」與「紀事本末」而交互為用，依照蔣中正所經歷黨政軍大事，以歲月為經，以行事之推移為緯，復就其始終之間，鋪陳本末。早年敘事，較為簡要，自三十二歲（1918 年）起「事狀遞演加劇，敘法於漸次增詳」，所引用資料包括文章講話及諸同志事跡、電牘。[11] 而更值得注意者，毛氏為詳記其每日行事，並理解內心想法，大量參閱日記，間且摘引日記記事，穿插其中。但是毛氏所摘引日記，與原稿並非完全一致，在編訂、審閱的過程中，往往會就文字進行增刪。[12] 所謂「編訂」係指毛思誠將所摘引日記依時

---

9　中國第二歷史檔案館編，《蔣中正年譜初稿》，頁 502。

10　「蔣中正日記」，1945 年 6 月 19 日。

11　中國第二歷史檔案館編，《蔣中正年譜初稿》，頁 883。

12　楊天石認為毛思誠先摘引蔣中正日記原文，然後加以文字潤飾，並未改變蔣之原意，還是可信的。見楊天石，〈蔣介石日記的現狀及其真實性問題〉，《找尋真實的蔣介石──蔣介石日記解讀》（香港：三聯書店，2008），頁 XIV。

間先後編入；「審閱」係指編妥後送請蔣審閱。通常在審閱過程中，蔣會對日記字句進行修正。以中山艦事件前一日，1926年3月19日為例，日記作：「上午，往訪季新兄，回寓會客。準備回汕休養，而乃對方設法陷害，必欲使我無地自容，不勝憤恨。下午五時，行至半途，自思為何必欲私行，予人口實，志氣何存！故決回寓，犧牲個人一切以救黨國也，否則國粹盡矣。終夜議事，四時往經理處，下令鎮壓中山艦陰謀，以其欲陷我也。權利可以放棄，名位可以不顧，氣節豈可喪失乎？故余決心不走。」[13]《民國十五年以前之蔣介石先生》同日記事，毛思誠原文為：「上午，往晤汪兆銘，回寓會客，痛恨共產黨陷害，決赴汕避禍。午後五時行至半途，猛思『我何為示人以弱？』仍返東山，誓犧牲個人一切，以救黨國。竟夕與各幹部密議，至四時，詣經理處，下定變各令。」與日記內容大致相同，僅文字上略作調整，再經蔣中正審閱後，修改為：「回寓會客，痛恨共產黨挑撥離間與其買空賣空之卑劣行動，其欲陷害本黨、篡奪革命之心，早已路人皆知。若不於此當機立斷，何以救黨，何以自救，乃決心犧牲個人，不顧一切，誓報黨國。竟夕與各幹部密議，至四時，詣經理處，下定變各令。公曰：『權利可以糞土，責任豈可放棄乎；生命可以犧牲，主義豈可敝屣乎。此時再不決心，尚待何時，此時若不殉黨，何顏立世。今

---

13 楊天石，〈「中山艦事件」之謎〉，《找尋真實的蔣介石——蔣介石日記解讀》，頁139。

日事只有直前奮鬥，以期毋忝所生，不負初衷。』」[14] 就蔣所改文字與日記及毛思誠原文相較，顯然在修正過程中，受到後來情勢發展的影響，更加正當化其發動「鎮壓」行動的動機。[15] 但是無論如何，《民國十五年以前之蔣介石先生》是最先運用日記的書籍，因此有稱毛思誠為「蔣介石日記研究第一人」。[16]

## 董顯光著《中國最高領袖蔣介石》

繼毛思誠《民國十五年以前之蔣介石先生》後，抗戰期間所出版董顯光著、蔣鼎黼等譯《中國最高領袖蔣介石》，為明確宣稱曾經參閱蔣日記而撰著的蔣傳記。值得注意的是董顯光與毛思誠相同，亦曾擔任過蔣中正的老師。

董顯光，1887 年出生於浙江鄞縣（寧波府屬）茅山鄉董家跳村，該村距離蔣之溪口鎮西北大約三十多公里。董氏出身於基督教家庭，幼年生活困苦。1899 年全家遷居上海，董氏從家鄉的私塾改為接受新式教育。畢業後，因家計需要，遂放棄學業，應聘至奉化龍津中學教授英語。1905 年春，蔣中正入該校就讀，成為董氏的學生。

---

14 中國第二歷史檔案館編，《蔣中正年譜初稿》，頁 547。

15 馬振犢認為蔣修正的原因為：一、政治背景時過境遷，個人立場發生變化；二、個人婚姻的變化；三、對自己性格缺點的掩飾；見馬振犢，〈《蔣介石日記》原本與毛思誠作類抄、年譜比較初探——以 1926 年 7 月為例〉，呂芳上主編，《蔣中正日記與民國史研究》（臺北：世界大同出版有限公司，2011），頁 91-96。

16 黃梅君、汪校芳，〈毛思誠：蔣介石日記研究第一人〉，《寧波通訊》2011 年第 5 期，頁 35。

董氏回憶：「在奉化教書時，我遇見了將來影響我整個生活的年輕蔣委員長，他雖然與我同年，卻是我的學生中的一位。」[17] 1907 年，董氏回到上海，並進入商務印書館工作；1909 年，在基督教長老會的協助下赴美國留學，1912 年畢業於密蘇里大學新聞學院，隨後進入哥倫比亞大學普利茲新聞學院就讀。1913 年返國後，擔任上海《中國共和報》（*China Republican*）副編輯、《北京日報》（*Peking Daily News*）主筆。1914 年，擔任《密勒氏評論》（*Millard's Review*）副編輯，兼任督辦全國煤油礦事務總署秘書。1925 年 3 月，在天津創辦《庸報》，1926 年中，在長沙訪問了當時擔任國民革命軍總司令的蔣中正，不過在匆促間，蔣沒有認出董氏，以為只是一般的新聞記者；[18] 1929 年，任《大陸報》（*China Press*）總經理兼總編輯，11 月，以秘書身分隨國民政府特派考察日本歐美專使杜錫珪出國，蔣於行前接見時，發現董氏是在龍津中學教他英語和算學的「董先生」，此後兩人除了公誼又加上了一層私交，關係日益密切。[19] 1930 年 10 月，考察團回國後，董顯光應蔣之邀，至溪口住了十多天，使他有機會對蔣的私人生活作一次直接接觸的了解。[20] 1935 年，董氏受蔣中正任命為新聞外電審查員，1937 年抗戰發生後，出任軍

---

17 董顯光著、曾虛白譯，《董顯光自傳》（臺北：臺灣新生報社，1974），頁 7。

18 董顯光著、曾虛白譯，《董顯光自傳》，頁 43-44。

19 董顯光著、曾虛白譯，《董顯光自傳》，頁 52-53。

20 董顯光著、曾虛白譯，《董顯光自傳》，頁 53-54。

事委員會第五部副部長，旋改任中國國民黨中央宣傳部
副部長，主管國際宣傳工作，至 1945 年卸任，前後長達
八年之久。1947 年 5 月，出任國民政府行政院新聞局首
任局長；1948 年 5 月，行憲政府成立後，翁文灝組閣，
仍任新聞局局長，至 12 月隨翁內閣總辭離任。政府遷臺
後，曾任中國廣播公司總經理兼《中央日報》董事長；
1952 年 8 月中日和約生效，兩國正式恢復邦交，出任戰
後首任中華民國駐日本大使；1956 年 4 月，受命出任中
華民國駐美國大使，至 1958 年 8 月卸任，受聘為總統府
資政，1971 年 1 月病逝於美國紐約。

　　《中國最高領袖蔣介石》係依照董顯光於 1937 年
10 月出版之蔣英文傳記 *Chiang Kai-shek, Soldier and Statesman:
Authorized Biography* (The China Publishing Company) 翻譯而
成，譯者為蔣鼎黼、姜君衡，1939 年由上海好華圖書公司
出版。事實上，董氏撰蔣傳記，有中文、英文兩種版本，
「兼飽本國及外國讀者」，兩版本同時寫作，稱：「下
筆時有先成中文稿，再作英譯者，有先著英文稿，再譯
中文者」。[21] 中文本定名《總裁傳記》，採文言文，全書
二十八章，分第一、第二兩卷，於 1938 年夏，由香港西
南圖書印刷公司印行。卷首有董氏於 1937 年 6 月撰「初
版弁言」及 1938 年付印時增撰之追記。[22] 然該書印量不

---

21　董顯光，《蔣總統傳》（臺北：中華大典編印會，1967），「初版
　　弁言」頁 5。

22　徐鼇潤，〈董顯光有關先總統蔣公傳記之著述〉，中華民國史料研

多，流傳不廣，因此有英文本之中文譯本出現。而董氏原書完成於全面抗戰之初，敘事止於 1937 年西安事變善後處理、中國國民黨舉行五屆三中全會。1945 年抗戰勝利後，上海文史研究會決定重刊該書，將初版「選精拔萃，重行縮排」，分量上較原著減少一半，名為勝利後第一版（簡稱勝利版），譯校者為蔣鼎黼、鄒慕農，並由譯校者補充全面抗戰展開至抗戰勝利及國共談判部分，於 1946 年 7 月出版增訂第三版。[23]

董顯光表示所以撰寫該書，係「由於對蔣委員長畢生事業的認識，本書作者始克著成此傳」，「企望是在協助一般人士對此領導四萬五千萬人民並負責解決一切難題的人物，獲得一種更深更清的瞭解」。[24] 而所謂「對蔣委員長畢生事業的認識」，則來自他與蔣的師生關係，謂：「清光緒卅一年（1905 年）春，蔣氏方負笈於奉化隆慶學堂，當時本書作者在該校執教，此未來的委員長雖在該

---

究中心編，《先總統蔣公有關論述與史料》（臺北：中華民國史料研究中心，1979），頁 476-477。

23 董顯光著，蔣鼎黼、鄒慕農譯校，《中國最高領袖蔣介石》（上海：文史研究會，1946 年 7 月增訂第三版），頁 289。按：勝利版於 1946 年出版增訂第二版及增訂第三版；1948 年 7 月出版二版本，10 月出版三版本。見徐鼇潤，〈董顯光有關先總統蔣公傳記之著述〉，中華民國史料研究中心編，《先總統蔣公有關論述與史料》，頁 474-475。

24 董顯光著，蔣鼎黼、鄒慕農譯校，《中國最高領袖蔣介石》，「原序」頁 2。按：董顯光於 1952 年在臺灣出版之《蔣總統傳》，其「初版弁言」作：「顯光識介公於其青年之時，今就平日之認識，作此傳記，非敢有所發明；惟求世人對此四萬五千萬人民之領袖，及其所力求解決之諸問題，能有較為深刻之瞭解耳。」見董顯光，《蔣總統傳》，「初版弁言」頁 2-3。

校時間不久，但他的人格已給予該校的教職員們一個極深刻的印象」。[25] 至於撰寫該書之起源，則為前述 1930 年考察團回國後，應邀至溪口十餘天的近距離觀察，董氏稱：「經過此次進謁後，作者乃決定日後為蔣氏作一傳記，詳述他絕不由於偶然而得的功蹟。事實已很清晰地昭示，在現代沒有人能像蔣介石先生一樣地偉大和崇高，尤其是其後六年中，蔣氏生命中充滿著改革運動的質素，若不加以正確的記述，實在是國家的損失，因此作者決定了從事蔣氏傳記的工作」。[26] 譯者則在翻譯過程的說明中，明白表示該書不同於其他蔣傳記，具有正確性，且為蔣「特准著述」，謂：「蔣介石先生，誠如本書作者所說，是領導四萬萬中國人民並負責解決一切難題的最高領袖。關於最高領袖的傳記，在抗戰以前曾刊出過很多，但是可惜那些傳記中所表現的蔣委員長，卻只是『偽造的蔣委員長』。」「蔣委員長特准著述了的，就只有這一部近五十萬字的巨著。同人精力有限，時間無多，才學聲望又復不孚，本不敢遽以問世，但因本書內容豐富而翔實，英文版早已風行全球，而我們反未看中文本，殊為憾事，乃決心

---

25 董顯光著，蔣鼎黼、鄒慕農譯校，《中國最高領袖蔣介石》，「原序」頁 2。按：隆慶學堂即龍津學堂之譯音。《蔣總統傳》之「初版弁言」：「公在龍津肄業，雖為時不久，而當時教師對公皆具深刻印象，蓋其努力學養，誠摯異人，已為我儕所注意矣。」（頁 3）

26 董顯光著，蔣鼎黼、鄒慕農譯校，《中國最高領袖蔣介石》，「原序」頁 4。《蔣總統傳》「初版弁言」：「顯光此行後，即具異日為公撰寫傳記之決心。誠以公之成功，並非偶然，果能將其行事，供之當世，禿筆無花，與有榮焉」。（頁 2-3）

譯成，一以表示我們愛護蔣氏之誠，一以滿足我們渴欲瞭解蔣氏之心。」[27]

　　該書在資料運用上，雖未有如今日學術論著註明來源出處，但董顯光於序言中曾感謝兩位合作者給予的協助，謂：「配尼斯敦君（Mr. John B. Penniston）與 Z. B. 董君（Mr. Z. B. Tong）也曾賜予可貴的助力，兩君孜孜不倦於探索參考書籍，如新聞紙、小冊、文件、蔣氏日記及感想錄等等，為本書獲得主要的素材。」[28] 說明該書之參考資料除新聞紙、小冊、文件等，並曾參閱蔣日記及感想錄等。董氏於序言中亦自記在龍津中學時，所宿寢室與蔣同在一樓，因此能有機會觀察他的課餘生活，「蔣氏晨起很早，沐浴後，每晨必在他寢室前面的陽台上直立半小時，在這半小時內，他閉著嘴，直立著身體，緊叉著雙臂，這時要肯定地說明他腦中所思為何事，當然是困難的事，但是約略可以知道他是在思考著他的前途。事實上，根據他在隆慶學堂數月中日記所載，可知他是計畫著到日本修習軍事科學，來為祖國效力」。[29] 此亦表示董氏曾參閱蔣早年在龍津中學求學時期日記，此一日記目前似已

---

27　董顯光著，蔣鼎黼、鄒慕農譯校，《中國最高領袖蔣介石》，頁288-289。

28　董顯光著，蔣鼎黼、鄒慕農譯校，《中國最高領袖蔣介石》，「原序」頁5。

29　董顯光著，蔣鼎黼、鄒慕農譯校，《中國最高領袖蔣介石》，「原序」頁3。「公晨起甚早，盥洗畢，即挺立室前廊下，雙唇緊閉，狀貌堅毅，屹立恆半小時，習以為常；其恢宏之腦海，究作何思想，固難臆測，然有關於將來之事業，則可斷言。後讀公日記，知公在龍津數月中，正籌劃如何赴日留學，學習陸軍，以備將來獻身國家。」

不存。

　　政府遷臺後，董顯光於 1952 年將其先前所撰傳記重加整編補充，定名《蔣總統傳》出版。[30] 雖然他在「增訂版序」中，對內容及所使用資料表示：「對於一位功業日隆之人而為其寫一詳盡的傳記，誠為極難之事；對其未竟之事功，祇能出諸臆斷。正惟此故，本書自不敢認為確定的傳記。中國的史實正在展開；對於蔣總統生涯中許多事迹的研究亦祇得其局部。蔣總統數十年來的日記與其私人文件的參閱，仍有待於將來。」[31] 但是從蔣中正於日記記事，可以理解他在該書增訂的過程中，曾經口述個人經歷提供董氏參考，於 1952 年 8 月 7 日記道：「召見顯光商討傳記增補重要之處，以余不贊成總理放棄黃埔對北伐作孤注一擲，而堅留黃埔為本黨保全惟一根據，以及反對革命委員會成立，勿使鮑爾廷操縱本黨，並為鞏固本黨與完成北伐最大之關鍵也。」[32] 嗣後又召見董氏，商談《蔣總統傳》增訂事宜，[33] 顯見他對此書的關切。

　　《蔣總統傳》對於蔣的敘事，主要增加 1937 年全面

30 董顯光撰《蔣總統傳》，前有「初版弁言」，係保留《總裁傳記》之「初版弁言」，惟研究者稱：「全書無論在章節標題，和本文，均難看到初版『總裁傳記』的形式，故所謂『增訂版』者實已另成一系統，最明顯者是初版原有的文言文行文方式，此書中已不復再見。」徐鰲潤，〈董顯光有關先總統蔣公傳記之著述〉，中華民國史料研究中心編，《先總統蔣公有關論述與史料》，頁 477。

31 董顯光，《蔣總統傳》，「增訂版序」頁 3。

32 《蔣中正日記》（1952），8 月 7 日（臺北：民國歷史文化學社，2023）。

33 《蔣中正日記》（1952），8 月 23 日。

抗戰開始以迄政府遷臺相關事實，「為使此增訂本篇幅不至過鉅，所有關於民國二十五年前蔣總統之生涯敘述，力從簡略，而以增訂本之半容納中日戰爭開始以迄於最近之新資料」。[34] 事實上，董氏在增訂本中對於 1936 年之前若干敘事的觀點亦有所調整，茲舉蔣 1923 年率團訪蘇一事為例，《中國最高領袖蔣介石》中稱：「在蘇聯住了四個月之後，蔣委員長在十二月裡回到了廣州。在那裏，他對蘇聯的某些形勢，做了一篇表示滿意的報告，並且提議著：依照他在蘇聯考察所得的印象，主張國民黨改組。如果他沒有接得廣州又告急的消息，他說恐怕還要在莫斯科作一個較長的逗留哩。」[35]《蔣總統傳》則稱：「蔣總統在俄國停留四個月，於十二月復返廣州，對於蘇維埃的制度和實際，於所作報告頗不贊同。」[36] 兩者相對照，蔣對蘇聯考察所得，有「滿意」與「頗不贊同」兩種截然不同的印象，推究原因，應與當時所處政治環境與國際情勢有關。

## 日本《產經新聞》刊印《蔣總統秘錄》

　　1974 年 8 月 15 日，日本《產經新聞》開始連載該報編輯室長古屋奎二編著《蔣總統秘錄》，副題為「中日關係八十年之證言」；次日，中文譯稿在《中央日報》刊出，立即引起各方注意。關於日本《產經新聞》連載《蔣

---

34　董顯光，《蔣總統傳》，「增訂版序」，頁 1。
35　董顯光著，蔣鼎黼、鄒慕農譯校，《中國最高領袖蔣介石》，頁 46。
36　董顯光，《蔣總統傳》，頁 54-55。

總統秘錄》的背景以及學者對該書的意見，已有專文討論，此處不再贅述。[37] 而對《蔣總統秘錄》一書，值得注意者為其所使用資料，除了官方及中國國民黨方面檔案外，尚有一些以往未公開的資料，包括日記在內。

關於《蔣總統秘錄》所使用資料情形，在《產經新聞》所作內容及撰寫經過的說明中，以「機密文件公開」為題，有清楚的陳述，稱：「《蔣總統秘錄》是依據中國國民黨以及中華民國政府各有關機關現存的公文書等官方資料所編撰，是一部『中、日關係史』。」「中國國民黨為了協助這個連載的企劃，無條件地提供了黨的官方記錄、總統府公文書、外交文書、戰史資料、蔣總統講詞、日記、回憶錄等過去從未公開過的重要文獻。」「在這一次初公開資料之中的外交文書，本來是一個國家的極機密檔案，因為在外交方面存著和對方國家的關聯性，傳布出

37  川島真，〈再論日本產經新聞之蔣介石秘錄的史料價值〉，中國社會科學院近代史研究所編，《民國人物與民國政治》（北京：社會科學文獻出版社，2009），頁 392。

去可能會發生影響，故而不得不特別慎重；但是，正因為其關涉到歷史事實的重要性，所以特地予以公開。」「蔣總統的日記和反省錄等文件的公開，也是以這一次為初始。在這些文件中，活生生地記錄著一位領導者在面臨到歷史事件各場面的時候，所感受的愉悅或煩惱、疑慮；還有蔣總統本人在公開場合所未曾開口、而發自真心的感慨，也都常有出現在這些資料上。」「關於戰爭的記錄，也涉及到了很多的部分；自『九一八』事變以來的四十年之間，在中國大陸展開的戰爭和中國方面作戰的詳情，也都是第一次明白地公開出來。」[38] 其中特別值得注意的為日記的引用。

在此之前，雖然有《民國十五年以前之蔣介石先生》引用日記，但該書流傳不廣；而《蔣總統傳》雖然談到日記的引用，但在書中並未直接引述。《蔣總統秘錄》則是直接在文中註明某年某月某日日記，不僅是蔣日記首次對外公開，而且是在外國的新聞媒體上，自然引發了一些爭議。當時擔任《中央日報》總編輯的薛心鎔回憶此事，謂：「《產經新聞》於六十二年秋，向我國當局提出協助採訪取材的要求，獲得同意，由國民黨中央委員會副秘書長秦孝儀負責協調，提供其所需的黨方及政務方面的有關資料。其中最珍貴的蔣公的日記，所作的記載多為大局的關鍵，從未對外發表過。經《蔣總統秘錄》披載之後，廣

---

38  〈「產經新聞」說明內容及撰寫經過〉，《蔣總統秘錄》，全譯本第一冊（臺北：中央日報社，1974），頁 9-10。

受各方注意，也引起一些人的抗議，認為如此貴重的史料為何不提供給本國的學者與新聞界，而是提供給日本報紙。據我所知，當局只是斟酌產經需要，提供蔣公日記中有關的片段、甚至僅為一兩句話的影印稿，並非將原件完全公開。」[39] 但是不論是否為原件，《蔣總統秘錄》中所引用的日記在以後有相當長一段時間，與《總統蔣公大事長編初稿》，成為學者引用日記之來源。然而兩書所引用內容並非相同，黃仁宇曾統計抗戰期間，即自 1937 年 7 月 7 日至 1945 年 8 月 15 日，《蔣總統秘錄》引用日記二六〇處，《總統蔣公大事長編初稿》引用七八一處，兩相比較，相互重疊者一一九條，而這一一九條中，文字完全相同者七十九條，其餘四十條，或是辭句之間稍有不同，或是此處多幾個字，彼處少幾個字。[40]

近年來，隨著日記的公開，亦有學者對於《蔣總統秘錄》中所引用日記的正確性產生疑問，日本學者川島真曾以九一八事變、西安事變、七七事變、珍珠港事件與英美的對日宣戰、開羅會議、日本投降等重要事件為例，與日記原稿進行對照，認為「總體來說，1970 年代在日本出版的《蔣介石秘錄》引用的蔣中正日記之內容，大部分都與胡佛研究院藏蔣中正日記手稿一致，可以說是日記的

---

39 薛心鎔，《編輯台上：三十年代以來新聞工作剪影》（臺北：聯經出版，2003），頁 214。

40 黃仁宇，《從大歷史角度讀蔣介石日記》（臺北：時報文化，1994），頁 20。

第四個副本」，但是他也表示「《蔣介石祕錄》不是學術
性的著作，而是宣傳性的著作。所以，引用的部分不一定
客觀，可以明顯看出編者的意圖」，「但是，引用之處大
部分內容與日記一致，因此有一定的參考價值」。[41]

## 《總統蔣公大事長編初稿》的出版

　　《總統蔣公大事長編初稿》是《事略稿本》及日記
未公開前，民國史研究者的重要參考資料，具有相當大的
影響力。

　　《總統蔣公大事長編初稿》由總統府總統事略編纂
室（簡稱「事略室」）編纂，1978年10月出版，共八卷、
十三冊，自1887年誕生至1949年12月六十三歲止，為
蔣前半生大事之記述。[42] 各卷內容：第一卷，自1887年
誕生至1928年，即蔣一歲至四十二歲間大事；第二卷，

41　川島真，〈再論日本產經新聞之蔣介石祕錄的史料價值〉，中國社
　　會科學院近代史研究所編，《民國人物與民國政治》，頁392。

42　該書原預備為慶祝蔣九秩壽誕而編纂，見許兆瑞，〈許卓修先生對
　　近代史研究之貢獻〉，《近代中國》雙月刊第125期，頁148。因《事
　　略稿本》僅編至1949年，蔣於1975年4月逝世後，秦孝儀遂將其
　　在1949年後之大事以年表方式呈現，成一完整之《大事長編》。

自 1929 至 1933 年，即四十三歲至四十七歲間大事；第三卷，自 1934 至 1936 年，即四十八歲至五十歲間大事；第四卷，分為上、下冊，自 1937 至 1941 年，即五十一歲至五十五歲間大事；第五卷，分為上、下冊，自 1942 至 1945 年，即五十六歲至五十九歲間大事；第六卷，分為兩冊，上冊 1946 年、下冊 1947 年，即六十歲至六十一歲間大事；第七卷，分為兩冊，上冊 1948 年，下冊 1949 年，即六十二歲至六十三歲間大事；第八卷，自 1950 至 1975 年，即六十四歲至八十九歲逝世，二十六年之大事年表。內容大量徵引蔣的言論、函電、公牘等資料，書中「公自記曰」、「公自記所感曰」等部分，被外界視為錄自日記，研究者往往據此理解蔣的心跡，引證對問題之意見。黃仁宇曾以該書中「公自記曰」、「公自記所感曰」等，與《民國十五年以前之蔣介石先生》相關內容，著有《從大歷史角度讀蔣介石日記》（臺北：時報文化，1994）一書，析論 1924 至 1945 年間民國史上相關史事。但是《總統蔣公大事長編初稿》並非事略室等單位首次刊印之大事記，在此之前，已有《蔣總統大事年表（初稿）》及《蔣總統大事長編》兩書，不過當時僅有少量印行，流傳不廣，外界所知有限。

《蔣總統大事年表（初稿）》，未註明編纂者、出版時間及單位等，難以得知相關訊息，但就全稿止於 1956 年 7 月，蔣七十歲來看，應該在 1960 年代。全套六冊，第一冊建軍時期，自 1887 年誕生至 1925 年三十九歲，又

分為兩個時期，自 1887 年誕生至 1923 年三十七歲為○○
時期〔原文如此〕，自 1924 年三十八歲至 1925 年三十九
歲為建軍時期；第二冊北伐時期，自 1926 年四十歲至
1928 年四十二歲；第三冊統一時期，自 1929 年四十三歲
至 1937 年 6 月五十一歲；第四冊抗戰時期，自 1937 年
7 月五十一歲至 1945 年 8 月五十九歲；第五冊戡亂時期
（一），自 1945 年 9 月五十九歲至 1950 年 2 月六十三歲；
第六冊復興時期，自 1950 年 3 月六十四歲至 1956 年 7 月
七十歲。全書以日繫月，以月繫年，依時間先後排列，
內容以蔣個人行動為主，較陳布雷於 1948 年所編輯的年
表詳細。[43] 其中第四冊抗戰時期，敘事內容比其他各冊詳
細，「公曰」部分係摘錄自日記，文字上有若干調整，如
1941 年 1 月 17 日軍事委員會明令撤銷新四軍番號，發表
新四軍叛變經過，《大事年表》當日記事：「公曰：『制
裁新四軍問題，此為抗戰成敗最大之關鍵，若無最後制裁
決心，則以後中共看破我心理，彼更可藉外力以事要脅，
而俄國之允撥武器者，亦必以此作為容共之要求，故乘俄
械未到之時，斷然處置，以表示我對中共制裁之決心，決

---

43 陳布雷編蔣中正年表，原附於 1948 年出版陳布雷校訂、毛思誠主
編《民國十五年以前之蔣介石先生》一書後，自蔣誕生（1887）至
六十二歲（1948）；後經秦孝儀續編六十三歲（1949）至八十歲
（1966）。蔣逝世後，中央日報社續編八十一歲（1967）至八十九
歲〔1975〕蔣逝世止，於該報以「蔣總統革命報國大事紀要」為名
刊登。見陳布雷等編，《蔣介石先生年表》（臺北：傳記文學出版
社，1978）「前記」。

不因俄國接濟我武器，而有所遷就也。』」[44] 日記則為：
「制裁新四軍問題，此為抗戰成敗最大之關鍵，若無最後
決心，則以後中共看破我心理，彼更藉俄勢以要脅，而俄
械之已允者亦必以此為其容共要求之工具，以後國權全操
在人矣。故因俄械將到未到之時，以表示我對中共制裁之
決心，決不為俄國大炮二百門、飛機二百五十架等大量武
器接濟之故，而有遷就與疑慮。此等得失存亡之大事，決
不為外人物質之關係而動心也，其來也，吾固如此，其不
來也，吾更應如此也。」[45] 兩者相對照，《大事年表》顯
然精簡，日後，《大事長編》同日記事，即在《大事年表》
之「公曰」內容上，再加以刪削，使文字更加簡潔，但不
失原意。[46]

　　《蔣總統大事長編》為事略室慶祝蔣中正八十一歲
生日，於 1967 年 10 月出版，一套六卷，自 1887 年誕
生至 1956 年 12 月七十歲止。其內容區分：第一卷，自
1887 年誕生至 1928 年北伐統一，即蔣一歲至四十二歲間
大事；第二卷，自 1929 年全國統一至 1936 年抗戰前夕，
為蔣四十三歲至五十歲間大事；第三卷，自 1937 年全面

44　《蔣總統大事年表（初稿）》，抗戰時期，頁 131。
45　「蔣中正日記」，1941 年 1 月 18 日後「上星期反省錄」。
46　《總統蔣公大事長編初稿》同日記事：公自記所感曰：「制裁新四
　　軍問題，此為抗戰成敗最大之關鍵，若無最後制裁決心，彼更可藉
　　外力以事要脅，而俄國之允撥武器者，亦必以此作為容共之要求，
　　故予斷然處置，以示我對中共制裁決心，而不因俄助我武器，有所
　　遷就也。」（卷四下，頁 618。刪除《大事年表》中「則以後中共
　　看破我心理」及「乘俄械未到之時」兩句。）

抗戰至 1941 年太平洋戰爭發生，為蔣五十一歲至五十五歲間大事；第四卷，自 1942 年世界大戰至 1945 年抗戰勝利，為蔣五十六歲至五十九歲間大事；第五卷，自 1946 年國共和談、動員戡亂至 1949 年大陸淪陷，為蔣六十歲至六十三歲間大事；第六卷，自 1950 至 1956 年，政府遷臺初期，為蔣六十四歲至七十歲間大事。

《蔣總統大事長編》由秦孝儀任總編纂，袁金書、陳敬之任編纂，沈篤夫、許兆瑞、趙佛重任助理編纂，周應龍為檢校。秦孝儀於〈編纂例言〉中，說明該書之體例「採『編年』與『紀事本末』體例而互用之。雖以歲月為經，以行事之推移為緯，有時於其終始之間，抑或統敘本末，或追窮原委，或逐記公心跡言論，或雖敵方資料，亦採為必要之參證與補充」，及編纂原則「長編各時期，於黨派稱謂，皆依原始文件，亦即依當時政府立場而直稱之，如毛共在圍剿時期稱『匪』，在就編時期稱『中共』，在戡亂時期稱『匪偽』，蓋所以明從違，正是非，嚴敵我，亦所以示天下以大公，篤政府之大信。」[47]

該書以前述《大事年表》為基礎，敘事內容雖然較為詳細，但對於蔣個人活動卻省略甚多，以 1948 年 1 月為例，該書有十天記事，《大事年表》卻有十六天記事；所用資料亦多為重新編輯，較少引用原始文獻。至於秦氏所稱「或逐記公心跡言論」，集中於「言論」部分，「心

---

47 秦孝儀，〈編纂例言〉，《蔣總統大事長編》卷一（臺北：未著出版單位，1967 年 10 月 31 日初印稿），頁 4-5。

跡」則較為缺乏，如前述《大事年表》1941 年 1 月 17 日
蔣自述處理新四軍之原因，該書即未引錄。就整體而言，
該書對蔣七十歲以前經歷，仍不失為一份值得參考的資
料。而該書編纂過程中，是否曾參考《事略稿本》，亦未
有進一步證明，難以判斷，但因編纂諸人均參與《事略稿
本》之資料搜集及撰稿工作，應有一定關聯性。

　　《總統蔣公大事長編初稿》係在《蔣總統大事長編》
之基礎上，由事略室人員負責增補整編完成，以秦孝儀為
總編纂，陳敬之、吳伯卿為編纂，許兆瑞、鄧耀秋、曾白
雲為副編纂。全書體例，一仍其舊，以「編年」與「紀事
本末」交互為用。但記事方面較《蔣總統大事長編》豐富
詳實，尤以 1937 至 1949 年之內容增加最為可觀。此應與
《事略稿本》在此時期已完成 1949 年前之編纂有關，《大
事長編》之撰稿者能以《事略稿本》為底本進行刪修，或
摘錄《事略稿本》中相對應年分之資料，內容自然更為充
實。而在徵引過程中，《大事長編》仍對《事略稿本》進
行字句上的刪修，以 1949 年相關記事為例，《大事長編》
與《事略稿本》即使摘錄同一段日記，文字亦不相同，
如 11 月 11 日《大事長編》之「公於『反省錄』中自記所
感曰」，與日記「上星期反省錄」之內容幾乎完全相同，
《事略稿本》卻在文字上作了一些修改；[48] 5 月 13 日《事

---

48　《蔣中正日記》（1949），11 月 12 日後上星期反省錄（臺北：民
　　國歷史文化學社，2023）：「李由滇直回桂林而不返重慶，在此貴
　　陽危急，川東陷落，重慶垂危之際，政府豈能無主，黨國存亡繫此

略稿本》之內容與日記大致相同，《大事長編》除將「建設則以臺灣與定海為著手之起點」中「與定海」刪除外，並將《事略稿本》最後一句「一是以實行民生主義為建設之要務」，改為「一是以民生主義社會建設及其政策實施為要務」，並增加「更擬定推行土地債券，士兵與工人保險制度」兩句。[49] 凡此皆可以說明《大事長編》雖然是以

俄頃，不問李之心理如何，余為革命歷史及民族人格計，實不能不順從眾意，決心飛渝，竭盡人事，明知其不可為，而在我更不能不為也。至於生死存亡尚復容計乎，乃決心飛渝，尚期李能澈悟回頭也。」《大事長編》：「公於『反省錄』中自記所感曰：『李德鄰（宗仁）由滇直回桂林，而不返重慶，在此貴陽危急，川東陷落，重慶垂危之際，政府豈能無主，黨國存亡繫此俄頃，不問李之心理如何，余為革命歷史及民族人格計，實不能不順從眾意，決心飛渝，竭盡人事，明知其不可為，而在我更不能不為也。至於生死存亡，尚復容計乎？乃決心飛渝，尚期李能徹悟回頭也。』」《事略稿本》：「公於『一週反省錄』中自記所感曰：『李德鄰（宗仁）由滇逕返桂林，而不赴重慶，在此貴陽危急，川東淪陷，重慶告驚之際，政府豈能無主，黨國存亡繫此俄頃，不問德鄰之心理如何，余為革命歷史及民族人格計，實不能不順從眾意，決心飛渝，竭盡所能，雖明知其不可為，而余則不能不為也。至於成敗存亡，尚復容計乎？乃決心於日內飛渝，尚期李能澈底悔悟，共撐危局也。』」

49 《蔣中正日記》（1949），5月13日：「二、預定定海、普渡、廈門與臺灣為訓練幹部之地區。三、建設以臺灣與定海為着手開始之點。四、訓練幹部，編組民眾，計口授糧，積極開墾，分配每人工作，不許有一無業遊民，三五減租保障佃戶，施行利得稅、遺產稅，籌辦社會保險，推進勞工福利，士兵與工人保險制度，推廣合作事業，實行平均地權，節制資本的民生主義為建設之要務。」《大事長編》：「研究總理手著民生主義，並預定：『以定海、普陀、廈門與臺灣為訓練幹部之地區；建設則以臺灣為著手之起點。實行訓練幹部，編組民眾，計口授糧，積極開墾，在社會上不許有一個無業遊民。實行二五減租，保障佃戶，施行所得稅、遺產稅，籌辦社會保險，推進勞工福利，推廣合作事業，實行平均地權，節制資本，一是以民生主義社會建設及其政策實施為要務。更擬定推行土地債券，士兵與工人保險制度。』」《事略稿本》：「研究總理手著民生主義，並預定：『以定海、普陀、廈門與臺灣為訓練幹部之地區；而建設則以臺灣與定海為著手之起點。實行訓練幹部，編組民眾，計口授糧，積極開墾，在社會上不許有一個無業遊民。實行二五減

《事略稿本》為底本，但兩者間仍有相當多的差異。

《大事長編》出版初期，屬於內部運用書籍，並未對外公開，僅有少數學者專家經當時擔任中國國民黨中央黨史委員會主任委員之秦孝儀同意，得以運用。但以外在環境變化，研究者對於史料開放要求益切，輾轉得知有此書後，透過各種途徑向秦氏提出要求，致該書雖未發行，但流傳尚廣。

《大事長編》僅編至 1949 年，1950 至 1975 年部分，因環境限制，「部分圖書，尚涉及國家機密，整齊次第，蓋仍有待」，[50] 僅能暫編大事年表，接續於後。至 1999 年，秦孝儀以蔣逝世已逾三十年，而《大溪檔案》在移交國史館後，已陸續開放；中國國民黨中央黨史委員會庋藏之檔案資料，亦早已訂定三十年開放之規定，實具備續編《大事長編》之條件，復徵得方智怡同意提供所保存之日記，乃由其擔任董事長之財團法人中正文教基金會擬定「《總統蔣公大事長編初稿》續編計畫」，由李雲漢、呂芳上、邵銘煌、劉維開組成編輯小組，展開 1950 年之後的《大事長編》續編工作。

續編工作在體例及寫作方式等方面，仍沿舊例，並延續前編卷數，於 2002 年 12 月出版第九卷，為 1950 年，

---

租，保障佃戶，施行利得稅、遺產稅，籌辦社會保險，推進勞工福利，推廣合作事業，實行平均地權，節制資本，一是以實行民生主義為建設之要務。』」

50 秦孝儀，〈編纂例言〉，《總統蔣公大事長編初稿》，頁 1。

蔣六十四歲大事。之後採一年一卷原則,至2008年4月,出版至第十三卷,為1954年,是蔣六十四歲至六十八歲,五年間大事俱已齊備。2008年正計畫整編1955年大事長編,因美國史丹佛大學胡佛研究所於當年將日記開放至1955年,且將於2009年7月將後續部分悉數開放。編撰小組以日記既已開放,繼續出版《大事長編》似無必要,乃提案並經中正文教基金會董事會通過,同意停止出版。

## 《事略稿本》及《五記》

政府遷臺後,蔣中正之相關檔案、文物,係由總統府負責管理,1995年初,總統府同意將蔣中正檔案、文物移交國史館典藏,經國史館清點、整理完成後,定名「蔣中正總統檔案」,於1998年2月正式對外開放。自開放以來,《蔣中正總統檔案》吸引大批民國史研究者前往參閱,而在其中最引起學者注意的資料,為列在「文物圖書」類的《事略稿本》及《五記》。《事略稿本》自1927至1949年,是以蔣日記為主要資料編輯而成的大事長編;《五記》則為《困勉記初稿》、《游記初稿》、《學記初稿》、《省克記初稿》、《愛記初稿》等日記類抄之統稱。

　　《事略稿本》實為《民國十五年以前之蔣介石先生》之延續。前已述及，蔣曾將其早年日記、函電、文稿等個人資料，交由毛思誠保管整理。1937 年抗戰軍興，毛氏以身體多病，返回故鄉奉化休養，未隨政府西遷，蔣個人資料保管整理工作，由時任國民政府軍事委員會侍從室第二處主任的陳布雷接替。1939 年，陳布雷於所主持侍二處內成立總裁事略編纂室，以王宇高、孫詒、袁惠常等任編纂員，於是年 8 月展開《事略稿本》之編纂。[51]

　　王、袁、孫三人均為蔣之奉化同鄉，具舊學根底。王宇高為暉駐村人，著有《珠岩齋文初稿》；[52]袁惠常為慈林村人，著有《雪野堂文稿》；[53]孫詒著有《瓶梅齋詩錄》

---

51　陳布雷，《陳布雷回憶錄》（臺北：傳記文學出版社，1967），頁143；蔣君章，〈含淚回憶總裁對我的召見〉，《傷逝集》（高雄：德馨室出版社，1979），頁 16；〈布雷先生的風範──「寧靜致遠、澹泊明志」〉，同書，頁 83；陳布雷原著，《陳布雷從政日記（1939）》，8 月 29 日（臺北：民國歷史文化學社，2019）。

52　王宇高生平參見徐善元，〈王宇高治呃逆案 2〉，《浙江中醫雜誌》，1995 年第 3 期。

53　葉揚，〈「童稚結習」：記祖父葉玉麟山水〉，《文匯報》，2012年 10 月 6 日，按：袁惠常在其家譜上所列職務為「國民政府文官處編審兼國史館協修」，參見裘國松，〈古村慈林〉，《奉化新聞

等傳世；侍從室同仁習稱三人為「奉化三先生」。[54] 編纂
採取分年負責制，依照毛思誠《民國十五年以前之蔣介石
先生》一書之原有體例，每人負責一年的事略編纂，成稿
後送請陳氏校閱。據當時任職侍二處之蔣君章回憶編纂室
工作情形，謂：

> 當時的編纂室，有三位編審，三位書記。三位編審是
> 王宇高先生、孫詒先生和袁惠常先生，都是奉化籍，
> 我們習稱為奉化三先生，他們都是古文家，採取分年
> 負責制，各人負責一年的事略編纂，成稿後送請布公
> 校閱。文中頗有議論文，略似評傳性質。當時我有個
> 不成熟的建議，在某次會議上發表。我的建議重點，
> 大約有四：其一，採取毛勉廬先生（按即毛思誠，為
> 總統的老師）《民國十五年前之蔣介石先生》一書之
> 原有體例，一線相承，使成整體；其二，按年按月按
> 日把有關的事實，依次記錄下來，包括書面指示、電
> 報、文告、演講在內，其有關的覆電，以附註方式記
> 載之；其三，委座日記中有關修養或其他文字，仍沿
> 舊例，以「公曰」字樣表示之；其四，此時為委座作
> 傳略，以事實的彙集為主要目標，不採作傳的方式，
> 旨在保存資料的完整，作為歷史的文獻。明清兩代的

---

網》，蕭王廟站－生態旅遊。
54 蔣君章，〈含淚回憶總裁對我的召見〉，《傷逝集》，頁 16。

實錄或前代的起居注，所用的方法，頗堪參考。此外
我又向三位先生建議：搜集資料時，應採卡片方式，
一一記載下來、然後按照工作的分配，把不屬自己負
責範圍內卡片，互相交換，使同一資料來源所涉及的
不同年分的事實，避免他人再閱一遍。我這個建議，
和三位先生工作習慣不同，他們都默不作聲，因此我
不再說話了。[55]

　　1945 年侍從室併入國民政府，編纂室隨之移交，隸屬
政務局，與陳氏關係形式上中斷，但實際上仍請示陳氏。[56]
至 1948 年已陸續完成 1927 至 1936 年部分，各年沿用《民
國十五年以前之蔣介石先生》之名稱，依序為《民國十六年
之蔣介石先生》、《民國十七年之蔣介石先生》等。

　　1949 年初，因時局變化，已完成之《事略稿本》隨
同蔣中正相關資料一併運臺，存放於桃園大溪，「大溪檔
案」名稱即由此而來。1951 年 10 月，時任總統府機要室
主任之周宏濤以傳略編纂工作應繼續進行，遂委請蔣君
章（時任總統府秘書）主持相關事宜，續編 1937 年之後
《事略稿本》。[57] 蔣君章認為茲事體大，建議組成事略編

---

55　蔣君章，〈含淚回憶總裁對我的召見〉，《傷逝集》，頁 16。陳
　　布公為陳布雷，陶先生為陶希聖。
56　蔣君章，〈含淚回憶總裁對我的召見〉，《傷逝集》，頁 16。
57　蔣君章，曾於抗戰期間任國民政府軍事委員會侍從室第二處秘書，
　　追隨陳布雷。來臺後，任總裁辦公室第五組副組長，總裁辦公室結
　　束後，任總統府機要室秘書兼資料組副組長、中國國民黨第四組副
　　主任等職。

纂小組，請張其昀、陶希聖任指導員，並擬採專案方式進
行，先行編訂史迪威事件、開羅會議及中蘇友好同盟條約
談判等三方面資料。[58] 1952 年 4 月，蔣君章因發表〈宋
子文莫斯科談判追記〉一文，引起外界爭議，奉命免除
一切職務，並不得參加各種工作。[59]《事略稿本》之編纂
由負責《大溪檔案》整理工作之許卓修接替，至 1958 年
7 月，陸續完成 1937 至 1945 年部分。其中 1937 至 1941
年，由許卓山、袁金書擔任，許卓修審核，於 1955 年 12
月前完成。1956 年 1 月，總統府成立總統事略編纂室，
由許卓修以總統府秘書兼事略室總編纂，相關人員一併納
入，《事略稿本》之編纂工作即由該室負責，以袁金書編
纂 1942 年、1944 年，許卓修、許兆瑞編纂 1943 年、1945
年，許卓修綜核，至 1958 年 7 月完稿。1958 年 8 月，許
卓修因積勞致疾，請辭事略室總編纂職，經核定由總統府
秘書秦孝儀接任。秦氏到任後，除親自校勘已編成之《事
略稿本》外，並繼續編纂 1946 年以後之《事略稿本》。
其中 1947 年、1948 年資料之搜集整理及撰擬初稿，由陳
敬之、趙佛重擔任；1946 年、1949 年，由袁金書、許兆
瑞負責；[60] 至總統事略編纂室結束時，1949 年之前之《事

---

58 蔣君章，〈含淚回憶總裁對我的召見〉，《傷逝集》，頁 18。
59 蔣君章，〈含淚回憶總裁對我的召見〉，《傷逝集》，頁 19。
60 許兆瑞，〈許卓修先生對近代史研究之貢獻〉，《近代中國》雙月
　　刊第 125 期，頁 147-148。《事略稿本》之編纂人員，均任職總統
　　府事略編纂室，生平資料較為缺乏，目前僅知許卓山於臺灣光復初
　　期來臺，任職中國國民黨臺灣省黨部宣傳委員會，1946 年 11 月至
　　1947 年 7 月，任臺灣省立法商學院專任副教授；袁金書曾任總統

略稿本》編纂工作均已完成。[61] 1950 年後的《事略稿本》，事略室亦繼續搜集相關資料進行編纂，但因環境限制，主要以剪報資料及公開言論等為主，並未具備 1949 年之前可參考大量政府檔案及往來函電等資料的條件，僅完成部分初稿。國史館為便於學者運用《事略稿本》，自 2003 年起，陸續整編出版 1927 年起之影印本，至 2013 年 11 月完成，全套共八十二冊，時間至 1949 年 12 月。2015 年 12 月，復將《事略稿本》所缺民國 26 年 7 至 12 月及 28 年 1 至 12 月，以中國國民黨黨史館藏《事略稿本》初稿抄本補充，於四十及四十二冊之後，以補編方式出版。國立政治大學人文中心以《事略稿本》影印本為手稿影印，閱讀上多有不便，經國史館授權，於 2015 年起分三期就手稿進行編校，出版排印本，至 2022 年 6 月完成《新編蔣中正事略稿本》四十二冊。[62]

　　《事略稿本》除體例外，資料來源亦與《民國十五年以前之蔣介石先生》大致相同，包括函電、手令、公

---

府參議、臺灣省立圖書館館長；陳敬之曾任總統府參議、中國國民黨中央委員會黨史委員會副主任委員；趙佛重曾任總統府編審；許兆瑞曾任中國國民黨中央黨史委員會總幹事、專門委員等。

61　總統事略編纂室應在 1980 年代中期結束，詳細時間不明。按：秦孝儀於 1976 年底任中國國民黨中央黨史委員會主任委員後，於 1979 年奉准將原在南投草屯之黨史會史庫、大溪之總統府機要室檔案（即「大溪檔案」）與士林芝山岩之總統事略編纂室檔案，集中於蔣中正位臺北市陽明山之中興賓館（後更名「陽明書屋」），各單位工作人員亦集中陽明書屋辦公。

62　〈見證歷史　新編蔣中正事略稿本新書發表會〉，2022 年 6 月 20 日，《政大人文中心》，https://hc.nccu.edu.tw/public/view.php?main=16&sub=58&ssub=116&id=2276，2023 年 8 月 9 日瀏覽。

牘、文稿等，並摘引日記。而隨著蔣之職位日益重要，日記成為理解其在政策形成過程中實際想法的重要依據。因此《事略稿本》所摘引日記之篇幅較《民國十五年以前之蔣介石先生》為大，不過在處理過程上，兩者大致相同，摘引日記之內容在審閱過程中會在文字上進行調整，與原稿略有出入。[63] 如以 1948 年 5 月行憲政府成立前記事為例，對照日記原文與《事略稿本》摘錄，可以發現《事略稿本》大多在不變動日記原意的情形下，文字略作調整，斥責幹部部分則修飾較多。其中值得注意者，為 5 月 15 日日記為：「朝醒後，深慮總統應否就職，或如始願仍退任行政院長而讓位於德鄰，再三考慮，決定退讓，起床後向天父禱告，究竟應否就職，無論進退，皆懇求天父明白指示，最後得默示進，不可辭總統，故決不辭」，但在《事略稿本》中，將「再三考慮」以下字句，改為「經再三考慮，以為不能退讓，否則是逃避責任，而非退讓矣，亦為上帝與天理皆所不容者也」，刪削幅度頗大，主要原因為《事略稿本》編纂者對於日記中如「起床後向天父禱告」等涉及個人信仰的記載，皆修改為較不具宗教色彩之中性文字，或不錄入。

---

63　對於《事略稿本》摘取之日記內容，呂芳上稱「文字略加潤飾」，見呂芳上，〈領導者心路歷程的探索：蔣介石日記與民國史研究〉，「近代中國國家的型塑：領導人物與領導風格」國際學術研討會論文，2007 年 12 月 15-17 日，頁 2；楊天石則稱「對蔣的日記有刪選，有壓縮，有加工」，見楊天石，〈蔣介石日記的現狀及其真實性問題〉，《找尋真實的蔣介石——蔣介石日記解讀》，頁 XVI。

　　《五記》則包括《困勉記初稿》、《游記初稿》、《學記初稿》、《省克記初稿》、《愛記初稿》，亦為延續毛思誠所編日記類抄而來。此項工作係陳布雷主持《事略稿本》編纂時期，由參與編纂工作之王宇高與王宇正負責。各記中摘錄日記內容的重點及起迄時間不一，

《困勉記初稿》摘記 1921 至 1943 年間，處理黨政事務的心跡；《游記初稿》摘記 1930 至 1943 年間，日記中之記遊；《學記初稿》摘記 1931 至 1943 年，日記中所記讀書心得；《省克記初稿》摘記 1915 至 1942 年間，「雪恥」項書寫自省、自勵語句；《愛記初稿》摘記 1926 至 1943 年間，日記中記對家人、師友、同志的關愛之意。各記摘錄內容並非原文照抄，而是在不失原意的情況下，精簡抄錄，因此即使同一段日記，在不同的類抄中，字句上仍有所不同。研究者如就各個類抄相互對照，或與《事略稿本》參看，即可以發現其中的異同。原稿因抄錄字跡潦草，閱讀頗有困難，已由國史館以「蔣中正總統五記」為名，於 2011 年 12 月整理排印出版。

## 日記開放後的研究及發展

　　1986 年 10 月 31 日為蔣中正百年誕辰，國立中央圖書

館（1996 年易名「國家圖書館」）編目組就《中華民國
圖書聯合目錄》、《中華民國出版圖書目錄》、《各大學三
民主義研究所博士碩士論文目錄》、《中華民國期刊論文索
引》、《中文報紙論文分類索引》等，收錄有關蔣中正之言
論、文告、傳記、行誼及其思想評述等出版品，收錄時限
截至 1986 年 9 月，彙編《蔣中正先生論著目錄》，為臺灣
地區及海外在 1986 年之前關於蔣中正研究成果之總集。[64]
同一時間，中國歷史學會、國史館、中央研究院近代史研
究所、中國國民黨中央黨史委員會等機構聯合舉辦「蔣中
正先生與現代中國學術討論會」，出席學者共提出論文
一百篇，會後結集出版《蔣中正先生與現代中國學術討論
集》五冊，為歷年來關於蔣中正最大規模的學術研討會。
會中，美國芝加哥大學教授艾愷（Guy S. Alitto）發表〈西
方史學論著中的蔣中正先生〉，就有關蔣中正的西方歷史
著作，提出檢討與批評，其中包括前述《蔣總統秘錄》之
英譯本在內。他認為《蔣總統秘錄》對蔣是有利的，作者
古屋奎二敘述了蔣對於每一個事件或問題的看法，「但蔣
先生在該書中不能顯出他具有吸引力、說服力，甚至人情
味的品質。事實上，蔣先生『這個人』根本就沒有在書中
出現。該書僅對蔣先生事業的政治層面加以敘述，而且行
文過於沉悶，過分吹擂和欠缺優雅。」他進一步建議：

---

64 其所收錄「以自由地區出版之中文資料為主，外文資料則就重要者
  選輯」，見〈凡例〉，國立中央圖書館編目組編，《蔣中正先生論
  著目錄》，頁 1。

如果要在西方史學論著中改善蔣先生的地位，就要以
西方語文撰寫一部真正成功的傳記。當然，這必定是
一種細膩而艱辛的學術工作，同時也必須是一種知識
取信的作品，這個傳記必須是文字優美和具有可讀
性，絕不能僅敘述蔣先生的事業，而必須抓住他表象
背後的個人性格。[65]

時隔二十六年，艾愷的這段評論與建議，在今天看來，
仍然具有相當說服力。中央研究院近代史研究所研究員張
朋園在進行評論時，針對艾愷的建議，提出了他的看法：

無論什麼樣的天縱英才來為蔣先生寫傳，還得有一個
條件與之配合。我們必須以有關蔣先生的原始資料供
給他參考。什麼樣的原始資料？我想最具體的就是大
溪檔案，尤其是蔣先生的日記、國民黨最高階層的會
議速記錄等。我們必須公開有關的資料，讓資料自己
說話，則一切謠言及不實之論皆可不攻自破。[66]

國民黨最高階層的會議速記錄於 1994 年開放，《大

---

65 艾愷，〈西方史學論著中的蔣中正先生〉，蔣中正先生與現代中
國學術討論集編輯委員會，《蔣中正先生與現代中國學術討論
集》，冊1（臺北：蔣中正先生與現代中國學術討論集編輯委員會，
1986），頁 646-647。按：臺北谷風出版社於 1999 年將該文獨立
成書出版。
66 張朋園先生評論，蔣中正先生與現代中國學術討論集編輯委員會，
《蔣中正先生與現代中國學術討論集》，冊1，頁 680-681。

溪檔案》更名《蔣中正總統檔案》於 1997 年起陸續開放，[67] 日記亦於 2006 年全部開放，依照張朋園的看法，顯然撰寫一部艾愷所謂真正成功的蔣中正傳記之時機已經成熟，而這也應該是現階段蔣中正研究要努力的目標。

　　由前所述，日記未開放前，已有《民國十五年以前之蔣介石先生》等傳記類書籍，因作者與蔣所具有的公、私情誼，或蔣為日後編纂其傳記所需，抑或基於宣傳、政治運用等因素，多有參閱或引用日記內容。但是對於學者而言，這些書籍所引用之日記內容是否可信，為心中最大的疑問，而希望能直接閱讀日記。因此日記開放後，引發新一波的蔣中正研究熱潮，甚至有所謂「蔣學」的出現，以蔣中正為主題的研究論文成為民國史研究的主流，相關學術討論會亦一再召開，然而日記的開放是否真的對蔣中正研究產生重要的影響？

　　臺灣方面，民國史一直是歷史研究中的一部分，因此蔣中正的相關研究從不缺乏，在日記開放前，學者已經使用上述《民國十五年以前之蔣介石先生》等傳記類書籍進行研究，因此在開放後，以 1949 年之前民國史事為主題的研究，日記的運用大多在補充原先的觀點，少有顛覆性的改變，較大的影響是在 1949 年之後相關史事的探討，包括韓戰、第一次臺海危機、金門砲戰、聯合國中國代表權、退出聯合國等主題，日記提供較以往豐富的決策

---

67　《檔案法》於 2002 年 1 月 1 日施行後，國史館為配合相關規定，將《蔣中正總統檔案》更名為《蔣中正總統文物》。

性資料，陸續有學者進行研究，中央研究院近代史研究所也成立有蔣介石研究群。中正紀念堂管理處自 2010 年起委託學者進行「遷臺初期的蔣中正」、「1950 年代的蔣中正」等研究計畫，對於引領臺灣時期的蔣中正研究發揮一定的作用；復與國史館合作編纂《蔣中正先生年譜長編》於 2015、2016 年分兩期出版。《年譜長編》全書共十二冊，內文大量引用日記原文，以明蔣治國理政之心跡，亦成為之後學者從事蔣中正研究之主要資料來源。

中國大陸方面，日記對民國史或蔣中正研究的影響，是開放前未曾預期的情形，關鍵在於日記本身具有豐富的內容，王奇生曾表示：「歷史研究的重要前提，是必須依賴史料。歷史上有很多非常重要的人物，因為沒有留下史料而不被歷史學家所重視，因為你沒有辦法去對他進行深入的研究。現在被歷史學家反覆研究的人，往往是因為他留下來的史料非常地龐大、非常地豐富。現在蔣中正的日記開放了，因為有他幾十年的日記，學界看完以後對他的研究確實有所深化。當然歷史學家們對蔣中正的看法還存有很大的差異。」[68] 另方面，從後見之明的角度來看，應該與日記暫存地點的選擇、兩岸關係改善、媒體與學者運作，以及大陸出現的「民國熱」等因素有關。[69]

---

68 王奇生，〈蔣介石和國民黨（上）〉，《理論視野》，2011 年第 11 期，頁 50。

69 大陸方面關於蔣中正研究的近年發展，參見陳紅民、何揚鳴，〈蔣介石研究：六十年學術史的梳理與前瞻〉，《學術月刊》，2011 年 5 月；張憲文，〈從「險學」到「顯學」：蔣介石研究的過去、

1983 年至 2003 年「中國知網」（CNKI）以蔣介石為篇名
的論文數量統計（篇）[70]

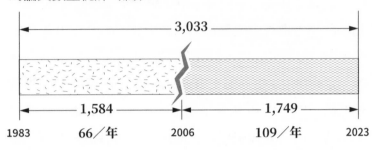

2003 年至 2023 年 CNKI 以蔣介石為主要主題的博碩士論文
數量統計（篇）[71]

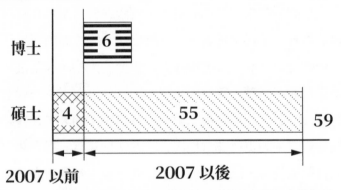

說明：其中不論博士或碩士論文，學位授予單位均以浙江大學為首，
　　　計博士論文四篇、碩士論文十六篇，其他學校多為個位數。這
　　　種情形應與該校於 2007 年 1 月建立「蔣介石與近代中國研究
　　　中心」，展開以蔣介石與近代中國為中心的學術研究有關。

---

現在與未來〉，《社會科學戰線》，2011 年第 8 期。

70　2023 年 8 月 12 日瀏覽。按：筆者係由政治大學圖書館「中國知網」
　　資料庫查詢，1983 年為資料顯示起始時間。又，根據「發表年度」，
　　自 2018 年起，論文篇數逐年下降。

71　2023 年 8 月 11 日瀏覽。按：因臺灣方面在「中國知網」無法瀏覽
　　博碩士論文，因此委請大陸友人代為瀏覽，2003 年為資料顯示起
　　始時間。

　　從研究方向來看，日記開放後，除傳統以政治、軍事、外交等公領域為主題的研究外，逐漸擴充到宗教信仰、人際關係、日常生活等私領域的探討。2010年1月，臺灣方面以蔣中正《事略稿本》讀書會成員為主的「蔣中正研究群」，與北京中國社會科學院近代史研究所民國史研究室，在臺北舉行「蔣介石的人際網絡」學術討論會，會中除就「人際網絡」相關問題進行探討外，亦就蔣中正相關主題的研究成果，從海外、大陸、臺灣三方面，進行回顧與展望。其中，楊奎松對《蔣中正日記》的一段分析，值得研究者參考，他說：

　　以往的蔣介石研究者過多地側重於政治史的研究，較少關注蔣的思想、情感、性格、宗教信仰、家庭關係、人際關係以及蔣的心理活動等較私人的情況。而蔣的日記手稿，絕大部分內容過去早就以年譜、類編、困勉記等形式，包括以蔣的大事長編或事略稿本的形式披露過。因為手稿最大的特色是大量增加了涉及蔣個人生活、情感和內心活動方面的內容，或只是便於人們了解已經刊布的蔣日記內容，在文字上有過怎樣的修改，因此，過去單純從事政治史或軍事史研究的學者，要想馬上將這些樣新的內容與他們過去的研究成果結合起來，獲得新的發現，就比較困難。而這種情況恰恰也說明，在蔣的日記手稿中迄今並沒

有，或很少有政治史方面新的重大發現。[72]

　　而「蔣介石的人際網絡」學術討論會正是試圖從日記中所呈現的私領域著手，以黨政人際關係、軍事人脈、親緣、愛情、地緣關係等方面，探討蔣的人際網絡，期望在日記與蔣中正研究中間取得新的聯繫。所有十篇論文，經過修正補充後，集結成書，在臺北、北京分別以「蔣介石的親情、友情與愛情」、「蔣介石的人際網絡」為名出版。次年6月，兩方學者繼續以「蔣介石日常生活研究」為主題，在花蓮舉行學術討論會，從休閒與遊憩、空間與時間觀、讀書生活與醫療等三方面進行討論，再度拓展蔣中正研究的新視野。十五篇論文，會後以「蔣介石的日常生活」為題，結集於2012年12月在臺北出版。嗣後研究群又分別就抗戰期間的蔣中正、他人日記中的蔣中正，以及蔣日記中所涉及的民國史事等主題進行探討，並出版相關論文專輯。[73]

　　然而私領域的研究，往往會引起「枝微末節」、「有什麼作用」等方面的質疑，例如探討蔣中正的旅遊生活，就有可能要面對國家領導者進行旅遊是否具有正當性，或旅遊與國計民生是否有所關連等問題。事實上，私領域的

72　楊奎松，〈蔣介石相關主題的研究回顧與展望（大陸）〉，汪朝光主編，《蔣介石的人際網絡》（北京：社會科學文獻出版社，2011），頁294。
73　國立政治大學人文中心將研究群討論相關論文分別編輯出版《日記中的蔣介石》（臺北：政大出版社，2020）、《日記與民國史事》（臺北：政大出版社，2020）兩書。

研究會擴大對於公領域相關問題的理解，如 1949 年對於
蔣中正而言，是一生中最大的挫敗，是充滿屈辱悲慘的一
年，但是從日記中可以理解他憑藉堅定的宗教信仰，克服
內心的挫折、屈辱，積極面對未來。因此對蔣宗教信仰的
探討，實際上是對他在公領域作為的重要參考，而這一方
面的資料，在蔣言論集或相關檔案中並不多見，只有從日
記中，我們才能清楚看見一個具有虔誠基督宗教信仰的蔣
中正。同樣的情形亦見諸於旅遊，蔣相關資料，如《蔣中
正總統檔案》或《總統蔣公思想言論總集》等，關於旅遊
的紀錄並不多見，但是從日記中，我們可以發現蔣是一位
喜愛旅遊，而且十分重視休閒生活的國家領導者，即使在
對日抗戰或國共戰爭戰情緊急期間，仍不忘旅遊休閒，舒
解身心，目的在迎接下一階段的挑戰。

　　除了私領域的研究外，日記中亦有許多反映其內心
感想的記事，包括對人的批評、對事的意見等，對於理解
蔣中正有相當參考價值，但是這些批評、意見，不見得會
反映在外在表現或公開作為上。以日記中常見到的對人
批評為例，蔣在日記中時常有指責同志、部屬、學者的
文字，措詞十分嚴厲，如其於 1947 年 4 月，國民政府改
組，提選孫科為國民政府副主席，八個月後則在日記中痛
斥孫科「性行卑劣貪婪，寡廉鮮恥，令人痛心疾首。以總
理如此偉大人格，而生有如此不肖之子，殊所不解。」[74]

---

74　「蔣中正日記」，1947 年 12 月 23 日。

1949 年 3 月，親書「安危同仗，甘苦共嘗」立軸祝賀何應欽六十歲生日，[75] 而在半年前，1948 年 9 月的日記中，卻批評何應欽「愚拙不自知」，謂：「其對主持軍政部二十年來因循苟且，不肯負責努力建立軍隊之人事與經理制度，以致今日國破民困，而彼獨厚顏自稱其為已可以對得起國家，並反對設立軍費監理會，以辭職相脅。既不肯自強，而又不許人與問，一意把持，必使軍敗國亡，將任外國來監督國防軍費而後已。此其卑劣之性情與思想，誤軍者必此人也。如其果辭，則應照准，不可再留也。」[76] 隔年後，1949 年 7 月，又在日記中指責何氏「不分親疏，不知氣節，毫無責任與歷史觀念，二十餘年來軍事制度與組織毫無進步與改革，以造成軍事失敗，軍閥重起之慘境，此其應負重大責任。」[77] 此種斥責或批評實為其內心情緒的表達，然而蔣作為國家領導人，理解內、外之間的關係，個人好惡不應該影響用人施政，日記成為其發洩的管道，透過日記，可以看到一個有著喜怒哀樂的「平常人」蔣中正，一個與外在表現不一致的蔣中正。

　　日記中還有一些其他資料無法呈現的事務，如讀書。蔣十分喜愛讀書，但是他讀過那些書？對他有什麼影響？在檔案或相關資料中難以呈現，日記中卻有相當多的記

75 何應欽將軍九五紀事長編編輯委員會，《何應欽將軍九五紀事長編》（下）（臺北：黎明文化事業，1984），頁 989。

76 《蔣中正日記》（1948），9 月 2 日（臺北：民國歷史文化學社，2023）。

77 《蔣中正日記》（1949），7 月 18 日。

載。蔣在閱讀書籍時，往往會將重要內容抄錄於日記中，或在日記中撰寫個人的讀書心得，透過日記可以較為清楚的了解他的閱讀史，以及書籍發生的影響。[78] 再如，蔣一生有許多演講，以《總統蔣公思想言論總集》為例，全書四十卷中，有一半的內容（卷十至卷二十九）為「演講」類，可見其數量之多，而蔣每次演講內容如何形成？或有以為係秘書人員起草，然細審演講內容，往往有其親身經歷之陳述，而對照同一時期日記內容，蔣所記錄之個人想法、觀念，與所發表演講內容或有吻合之處，透過日記或許可以理解蔣對於問題思考的脈絡等。

　　日記是具有強烈個人主觀意識的資料，每個人對於問題的看法不同，對於生活的體驗亦不一致，蔣中正亦是如此。日記中所記內容，是他自己認為應該記錄的活動或對人、對事的意見，而非應外人或研究者需要所記錄。因此對於《蔣中正日記》，研究者不需要有過高的期待，認為日記可以解決與蔣有關的各種問題，日記所能解決的只是與蔣個人相關的問題。例如近年來學者經由《蔣中正日記》對於蔣與胡適關係的討論，就是一個例證。蔣中正在日記所顯示對於胡適的種種批評，只是個人的意見，是他內心的想法，並非形之於外的作為，如果僅以日記為資料

---

[78] 如蘇聖雄經由蔣中正在日記記事，探討蔣審閱克勞塞維茨《戰爭論》的歷程，分析其在《戰爭論》的圈點註記內容，考究所學、反思與影響，進而探討西方兵學在臺灣的發展。見蘇聖雄，〈戰爭論——蔣中正與西方兵學在臺灣的發展〉，《漢學研究》，第 41 卷第 2 期（2023 年 6 月），頁 209-256。

討論蔣與胡適關係，會失之於偏，仍必須參考其他資料。他在日記中所記對於問題的看法，亦是如此，許多時候是停留在想像的階段，實際作為並非一致，甚至南轅北轍，否定自己的想法。

※　　　　　※　　　　　※

　　綜合而言，蔣中正研究應該是以蔣中正為主體的研究，呂芳上認為「蔣的確是民國史上不可或缺的要角，但蔣的生平與國民黨史、民國史，也不能完全等同。黨史、國史往往有一定框架與格局，至於個人心態幽微之處的變化，是洞悉蔣中正之所以為蔣中正之要竅。過去把歷史人物型塑成正負兩極的木偶，正與缺少『這個人』的學術研究走向息息相關」。[79] 就此而言，日記對於蔣中正研究絕對有其重要性，如果蔣中正研究偏離了主體，日記對於研究者的意義不大。要充分發揮日記的史料功能，研究者應該發展以蔣中正為主體的蔣中正研究，更進一步的目標，則是如何以日記為基礎，結合《蔣中正總統》等相關資料，書寫一部「人性化」的蔣中正傳記。

▼ 本文修改自劉維開，〈《蔣中正日記》與蔣中正研究〉，收入周惠民主編，《民國史事與檔案》（臺北：政大出版社，2013），頁37-73。（2023 年 8 月修訂）

---

79 呂芳上，〈提供史料不提供觀點的盛會〉，《蔣中正日記與民國史研究》，序。

# 蔣中正日記的過去、現在與未來

林桶法

天主教輔仁大學歷史學系名譽教授

## 引言：歷史的發展與線索

日記是一種供個人使用的、以日期為排列順序的筆記，一開始的日記是生意的記錄本，後來用日記來記錄天氣、事件及個人的心理感受，是個人較私密性的記憶。依馮爾康的看法日記可分成四大類，即生平日記、學術日記、差事日記、其他（包括旅行日記）。[1] 差事日記數量甚多，如出使日記；[2] 以生平日記最長，如「蔣中正日記」；以旅行日記較有趣，如顏國年的《最近歐美旅行記》；以學術日記最枯燥，如李慈銘的《越縵堂日記》。

蔣中正自擔任黃埔軍校校長以來，歷任國民革命軍總司令、國民政府主席、軍事委員會委員長、國民黨總裁等要職，歷經國民革命軍北伐、抗日戰爭、國共內戰、政

---

1　馮爾康，《清代人物傳記史料研究》（天津：天津教育出版社，2006），頁 165。

2　如薛福成的《出使四國日記》，劉錫鴻的《英韶私記》，見尹翔，《東海兩海之間：晚清使西日記中的文化觀察認證與選擇》（北京：北京大學出版社，2009）。此書共介紹十本相關日記。

府遷臺等重要事件，所涉事務甚廣，對某件事的意見，因為不同的時空，記載常有所不同。蔣中正日記或不能解決許多歷史性的爭議課題，原因當然不完全是蔣刻意隱藏一些事實，而是日記本就有其侷限性。但「蔣日記」依然是研究民國史的重要文本，何以故？一方面是蔣中正在民國史上的角色，另一方面蔣日記提供的不只是歷史的發展線索，更重要的是人性的揭露。歷史的研究應該以人性作基礎，而這套日記正好提供了這樣一份珍貴材料。呂芳上曾提過，1970 年代曾有美籍華裔學者陸培湧，運用心理史學方法，撰寫 *The Early Chiang Kai-shek: A Study of His Personality and Politics, 1887-1924*，如果當年陸培湧能閱覽蔣日記，成果自可更為豐碩。[3]

　　運用日記進行研究，固不能澈底顛覆過往歷史的書寫，唯確實可提供可觀的歷史資料，補足近代重大史事的來龍去脈。史學研究者都明白，除需長時期閱讀單一日記，還需要各種日記參照，以民國史研究而言，有許多日記內容豐富：如《王世杰日記》、《徐永昌日記》、《王子壯日記》、《胡適日記》、《陳克文日記》、《陳誠日記》、《胡宗南日記》、《錢大鈞日記》、《黃炎培日記》、《陶希聖日記》、《余家菊日記》、《吳宓日記》、《傅秉常日記》、《陳布雷從政日記》、《吳忠信日記》、「王叔銘日記」等，[4]

3　見本書第一篇。
4　以上日記除王叔銘日記之外，均已出版。

此外，更需佐以其他相關檔案，[5] 較能客觀的了解到事件的脈絡。

　　自從蔣日記開放以來，許多學者相繼前往閱覽，大量引用及相互轉引，甚至如浙江大學蔣介石研究中心發起蔣中正日記周周讀，引起學界的關注與討論。有鑑於日記的價值，本來一度有意將其打字出版，然由於家族成員有不同意見至今未能出版問世，雖有「愛國華僑」將抗戰時期的蔣日記打字流通，仍不免有未能完全窺其全貌的遺憾；由於蔣日記所涉時間與議題甚廣，已成為研究民國史不可或缺的重要材料。蔣日記開放十餘年來已有相當多的研究引用日記內容，或直接以日記做為文本為題進行研究，文本提供許多素材，加深加廣對蔣中正個人的同情理解，因此對於蔣中正的評價漸趨於多元與客觀，也較能貼近蔣的角度去分析當時的情勢，然由於作品數量甚多，難免參差不齊，有些論著的觀點有許多仍待討論的空間，文中引用日記也有斷章取義之問題，本文在「蔣日記」開放十餘年之後進行以文本為題的盤整，希望藉此了解過去十餘年來有那些重要著作？有那些方面仍可做研究之處？並檢討使用蔣日記的一些問題。

---

5　黃自進、潘光哲編著，《蔣中正總統五記》（臺北：國史館，2011）；呂芳上主編，《蔣中正先生年譜長篇》（臺北：國史館，2015）；及國史館主編，《蔣中正總統檔案：事略稿本》（臺北：國史館，2010-2015）等。

# 書寫日記的動機及日記的版本

　　蔣中正自 1915 年開始寫日記（二十八歲，已遺失，目前無法得知其內容），每天大約用三十分鐘左右書寫日記，每天日記的字數不一，但以一頁為原則。早期使用商務印書館印製的「國民日記」，爾後自行印製固定格式，除每日記事外，每年有該年大事表，每月有本月大事預定表、本月反省錄（後改為「上月反省錄」），每週有本週反省錄（後改為「上星期反省錄」）、下週預定表（後改為「本星期預定工作課目」）。早期的日記較簡略，北伐成功後日記的內容較多，大約二、三百字。1927 年濟南慘案後，日記上加上「雪恥」欄（每日都有），是年 5 月 10 日記道：「余自定日課——以後每日六時起床，必作國恥紀念一次，勿間斷，以至國恥洗雪淨後為止。」[6] 1931 年後加上「注意」欄（非每日都有注意欄）。

　　蔣以毛筆書寫，有讀日記、改日記習慣。1972 年因 1969 年車禍受傷，其後又有心臟等疾病，長期臥床，致手部萎縮，無法正常執筆，停止長達五十七年的寫日記習慣。最後一年的日記較簡單，以最後兩天日記為例：1972 年 7 月 20 日：「上午，假眠後，審閱特報并核定中日關係，闡明我嚴正立場。下午，假眠後，與妻車遊一匝，心緒煩悶。大丈夫能屈能伸。」1972 年 7 月 21 日：「近日體力疲倦益甚，心神時覺不支，下午安國來訪後，與經兒

---

6　「蔣中正日記」，1928 年 5 月 10 日。

車遊山下一匝。」[7]

目前遺失 1915、1916、1917、1924 年的日記，前三年的日記遺失於 1918 年年底的永泰戰役，1924 年日記據蔣自己陳述為中共所竊，[8] 其他部分都相當完整。蔣日記是眾多有關蔣中正相關資料的源頭，過去長時期有關蔣的生平，學者多利用同源的各種不同資料進行研究。在近代史學界，最為研究者熟知的是大溪檔案，即現藏於國史館的《蔣中正總統文物檔案》，1987 年臺灣解嚴以前鮮少學者能夠利用。其中，蔣檔中庋藏的《困勉記》、《省克記》、《愛記》、《遊記》、《蔣中正總統文物——事略稿本》等資料，摘抄蔣中正日記部分內容。另運用日記編寫之《民國十五年以前之蔣介石先生》、《總統蔣公大事長編初稿》、《蔣總統秘錄——中日關係八十年之證言》等書，有參考價值，以《蔣中正先生年譜長編》為例，其中每周反省錄、每月反省錄等更大量摘抄蔣日記。如無法前往史丹福大學胡佛研究所閱讀者，可先參考以上資料進行研究。

現存的「蔣日記」從 1917 年至 1972 年，前後長達五十五年的日記。蔣對於自己的恆心，頗為自得。[9] 對於

---

7　「蔣中正日記」，1972 年 7 月 20 日、7 月 21 日。

8　蔣中正提到：「審檢舊日記，自民國六年至十二年各年日記皆得保在，惟已潮濕與蟲蝕多為可惜，十三年日記被共匪偷竊總未能發現為憾，好在當時軍校日記尚有一部事可以參考耳。」《蔣中正日記》（1951），11 月 28 日（臺北：民國歷史文化學社，2023）。

9　蔣中正提到：「幾十年來，我每日必有日課，每日必有日記，雖在造次顛沛中，也從沒有一天間斷。」蔣介石，〈建立三民主義的中

蔣書寫日記的恆心，擔任侍從祕書長達二十五年的秦孝儀回憶：「領袖日記，是幾十年來如一日的，雖其間如何紛煩，如何憂苦，始終沒有間斷中輟。」[10] 有時因病或因事亦有間斷幾天未當天書寫，但蔣都會補書寫，如西安事變期間，未寫日記，後根據宋美齡及其他資料及回憶補寫。如外出未帶日記本，也會先用便箋書寫，再謄寫，在史丹福大學胡佛研究所典藏的日記中，有出現同一天有兩個日記版本的情況，內容相似，詞句有若干的增減，即是事後蔣中正親自謄寫的結果。

　　蔣寫日記的動機，自 2006 年「蔣日記」開放後，許多學者前往史丹福大學抄閱，雖然都是學界的同好，但對於蔣書寫日記的動機看法則不同。[11] 有學者將蔣中正寫日記的動機歸納為：

　　1. 作為個人備忘錄與行事曆。

　　2. 作為個人發抒負面情緒的管道。

　　3. 作為修身的紀錄與警惕。

　　4. 作為協助他思考的「草稿紙」。[12]

---

心思想—有恆、務實、力行，革新、動員、戰鬥〉，收入秦孝儀主編，《總統蔣公思想言論總集》，第 27 卷（臺北：中國國民黨中央委員會黨史委員會，1984），頁 513-514。

10　秦孝儀，〈蔣總統的思想生活操持〉，《總統蔣公哀思錄》，第 1 冊（臺北：總統蔣公哀思錄編纂小組，1975），頁 376。

11　中山大學教授袁偉時認為是寫為給後人看的，史丹佛大學胡佛研究所研究員郭岱君及段瑞聰教授則認為蔣為自己寫日記。其他學者呂芳上、楊天石、汪朝光、汪榮祖、王奇生、劉維開、宋曹琍璇等在公開與非公開場所已有不少的討論。

12　張淑雅，〈蔣介石一瞥：1950 年代後期日記中的觀察〉，《臺灣

　　從某種程度言，蔣寫日記帶有告解式及壓力宣洩的作用。蔣在日記中對人物臧否，並非是蓋棺論定式的評論。對蔣個人而言，記日記還有一個重要意義，即是抒發個人情緒以及紀錄個人主觀上認為重要的事件。蔣在日記中常有臧否人物的字句，用語有時十分激烈，但在實際生活上與所斥責之人卻是常有往來者，關鍵在於日記是他抒發個人情緒的工具。

　　此外，蔣寫日記也有作進德修業的功能，這與宋明理學修身日記的傳統，十分接近。[13] 明清理學家認為日記有兩種功用，一是記思慮，自警自惕，一記內心活動，生活細節。供自勘，或請成德君子代為診治之用，故記日記需在人之隱微處記下細節，功過並錄，不能嫚飾。透過日記「自省」，蔣常記自己「大過」，蔣也常反省自己的個性：心燥性急、驕矜厭惡、貪得無厭、暴戾凌人、私心邪念、喜怒無常、不能容忍、急燥憤慨、淫佚妄念、剛愎自用[14] 等，蔣在演講中一再提到記日記不止是記事，也是個人反省日常生活，進德修業的重要工具，他提到；

　　　　一個人最要緊的是自反工夫，不論公私行為，都要隨時檢討。不但一年要檢討，一月要檢討，甚至每天都

---

　　史研究》，第 18 卷第 1 期（2011 年 3 月），頁 191-198。

13　見本書第一篇。

14　蔣日記中記到：「優柔寡斷，為余對內政策之大病，剛愎自用，為余對外政策失敗之總因。」「蔣中正日記」，1938 年 1 月 9 日。

要檢討。我們為什麼要寫日記？就是要檢討一天工
作，反省日常生活，也不是單獨記事而已。[15]

蔣自己記日記，同時鼓勵部屬寫日記，他於每年年
終時送日記本給黨政軍各部門主管以及他的侍從人員，希
望他們能養成記日記的習慣。[16] 蔣中正崇拜曾國藩，在
許多方面都仿效曾，他認為自我檢討與工作上的檢討一樣
重要，曾經於抗戰期間在中央訓練團黨政班第六期畢業典
禮上，以曾國藩告誡子弟治家方法的八字箴言：「早、
掃、考、寶、書、蔬、魚、豬」，訓示受訓學員，其中對
於「考」字的解釋，他將其引申為考核的意思，有對
上級、對下級的報告，還有對自己的檢討，就是「記
日記」。[17]

楊天石提到：「日記有二種，一種是主要為寫給別
人看的，這種日記往往裝腔作勢，把真實的自我包裹起
來，例如閻錫山的《感想日記》，滿篇都是《論語》式的
格言，一望而知是教人如何成聖成賢的，沒有多大價值。
一種是主要為寫給自己看的，此類日記，目的在於自用，

---

15 蔣中正，〈本年度工作檢討與明年努力的方向——並闡明組織的精
　神與內容〉，1950 年 12 月 24 日主持革命實踐研究院第九期畢業
　典禮講，收入秦孝儀主編，《總統蔣公思想言論總集》，第 23 卷（臺
　北：中國國民黨中央委員會黨史委員會，1984），頁 465。

16 俞國華口述，《財經巨擘——俞國華生涯行腳》（臺北：商周文化，
　1999），頁 151-153。

17 蔣中正，〈建國之非常精神典基本要務〉，1940 年 2 月 19 日在中
　央訓練團黨政班第六期畢業講，收入秦孝儀主編，《總統蔣公思想
　言論總集》，第 17 卷，頁 32。

而不在於示人傳世，其記事抒情，或為備忘，或為安排工作與生活，或為道德修養，或為總結人世經驗，或為宣洩感情，往往具有比較高的真實性，蔣的日記大體屬於此類。」[18] 楊天石將「蔣日記」分為原稿本、仿抄本和類抄本三種。協助蔣家處理日記事宜的潘邦正則表示蔣日記分為五大版本：

> 蔣中正日記原本、蔣中正日記手抄本、蔣中正日記摘抄本、蔣中正日記微膠本及蔣中正日記複印本，其中日記摘抄本早見於世。而史坦佛大學胡佛研究院目前暫存之蔣中正日記分為四大部分：蔣中正日記原本、蔣中正日記手抄本、蔣中正日記複印本及蔣中正日記微膠本；蔣中正日記複印本目前提供學者閱讀。[19]

劉維開則認為日記的版本應該只有一種，即是目前暫存美國史丹福大學胡佛研究所之日記原本的「手稿本」，其他所有與日記相關的「版本」，都是由「手稿本」發展出來。以典藏機構為區分，分別是南京中國第二歷史檔案館典藏的《蔣介石年譜初稿》、《蔣介石日記類鈔》與蔣日記仿抄本，以及國史館庋藏《蔣中正總統檔案》

---

18 楊天石，《尋找真實的蔣介石》（香港：三聯書店，2010），前言，頁 XVII。

19 潘邦正，〈蔣中正日記的保存，開放及其影響〉，「開拓或窄化？：蔣介石日記與近代史研究學術研討會」（臺北：中央研究院近代史研究所，2008 年 12 月 27 日），頁 3。

中之「事略稿本」及《困勉記初稿》、《游記初稿》、《學
記初稿》、《省克記初稿》、《愛記初稿》等日記類鈔。但
「事略稿本」所引用資料亦並非全部見於《蔣中正總統檔
案》，以蔣夫人於 1948 至 1949 年訪美期間致蔣文電為
例，即有部分僅見於「事略稿本」之引錄。[20] 至於秦孝儀
主編《總統蔣公大事長編初稿》、日本產經新聞古屋奎二
編撰《蔣總統秘錄——中日關係八十年之證言》中之「日
記」內容等，不適宜獨立看待。[21]

日記的性質與價值，過去已有諸多討論，[22] 日記是
研究記主及其家族的頂級資料、日記提供平民觀點的歷史
素材、日記也可以應證大歷史，甚至彌補大歷史的不足。
但日記的保存確實相當不容易，以臺灣地區記主的日記而
言，往往因為天候、習俗、政治、家庭等因素不能完整
的留存。[23] 然近幾十年來，日記被視為一手史料，隨著思
想的改變，日記不僅被保存下來，且被大量的出版。但日
記應用於歷史研究的可靠性也引起諸多的論辯。史學界對
於將日記做為歷史研究的材料，一直存在著正反兩面的意

20 參見劉維開，〈臺灣地區蔣中正先生資料之典藏與整理——兼論
「事略稿本」之史料價值〉，《檔案季刊》，第 7 卷第 3 期（2008
年 9 月），頁 32-53。

21 劉維開，〈日記、事略稿本、大事長編——蔣中正日記及衍生資料
的介紹〉，收入林桶法主持，《蔣介石日記研究案》，頁 22-23。

22 如呂芳上編，《蔣中正日記與民國史研究》（臺北：世界大同，
2011）；許雪姬編，《日記與臺灣史研究：林獻堂先生逝世 50 週
年紀念論文集》（臺北：中央研究院臺灣史研究所，2008）。

23 如臺灣地區潮濕，臺灣人死去時家屬將其衣物及遺物一起燒毀，加
上經歷「白色恐怖」事件，不想留證據等因素。

見。贊成者認為歷史人物的日記多半會記載當事人對於事件的第一手紀錄，最接近歷史事實的真相；晚近文化史研究取徑興起，日記可提供史學家探究小人物的心境、日常生活、人際交往；女性史研究者亦十分注重日記，蓋大敘事的歷史往往不見女性蹤影，唯女性日記能勾描女性自身的生命歷程。反對者則以為即使是事件當事人，也會因種種私人因素而未必將所見所聞在日記中和盤供出，或者即使記載，也多少帶著當事人的偏見而扭曲了事實；反對者也以為文化史、女性史所珍視的日記內容，不過是雞零狗碎之事，無經國濟世之用。儘管意見紛歧，但將日記適當地使用，仍然是大多數史學者所同意。

蔣日記開放閱覽後，2008 年 7 月，北京的中國社會科學院近代史研究所以「近代中國研究的新視野：新史料與民國史研究」為題召開座談會，與會者針對蔣中正日記開放所帶來研究新局面進行討論，認為「新史料的發現與公布，擺在近代史研究者前面的則是新問題，近代史研究需要換種眼光看歷史」；[24] 同年 12 月，臺北的中央研究院近代史研究所由蔣介石研究群主辦的「開拓或窄化？：蔣介石日記與近代史研究」學術討論會，亦在探討蔣中正日記開放後，對於近代史研究的影響。顯然蔣中正日記的

---

24 〈中國近代史研究面臨新史料變局＂蔣日記＂公開胡佛背景〉，《新華網》，北京晚報（2008 年 7 月 7 日 14: 51: 29）：http://news.xinhuanet.com/politics/2008 -07/ 07/content_8504576.htm （2020/2/12 點閱）。

開放，對於民國史研究者而言，是一件重要的事件。呂芳
上提到：「兩蔣日記不見得能改寫民國歷史，但日記內容
記載和透露了一個國家領導人對國事的想法與作法，也顯
示其個人的為人與行事，當然是國家歷史的一部分，重
要的意義在它的確能彌補民國歷史的不足。不論個人個
性、家庭生活、宗教信仰、感情故事、交友應酬、社會觀
感、國之大事等『公』『私』種種記錄，均令人印象深
刻。……未來學者多半可由他的日記中深挖，配以其他史
料，各自開出嶄新觀點和方向，作出有別往昔的歷史詮釋
來。」[25] 加以，蔣中正相關檔案的開放，對民國史及蔣
中正的研究之影響既深且廣。

## 以蔣中正日記文本為題的論著

在西方，1949 年中國大陸陷於中共的這一事實，使
蔣中正得承受「失敗者」的巨大指責。外界對其政治事
業的解釋、人格的評估，無不受先入為主觀念的影響，
如 Brian Crozier 著 *The Man Who Lost China: The First Full Biography of
Chiang Kai-shek* 一書，充滿對蔣機械性的負面評價。抑有
進者，在冷戰格局影響下，蔣同時背負「賊寇」與「偉
人」的名號，即如芝加哥大學教授艾愷（Guy S. Alitto）
所說，蔣是一位「非黑即白」的單面向人物。中國大陸
在 1990 年代以前，刊行的各部蔣傳，常充斥「封建吸血

25 呂芳上，〈蔣介石的日記與日記中的蔣介石〉，「開拓或窄化？：
蔣介石日記與近代史研究學術研討會」，頁 1。

鬼的兒子」、「北洋軍閥的門徒」、「上海的流氓」等官式八股，或是生硬地套用「肯定」、「否定」的標籤。而 1960 年代臺灣再版董顯光的《蔣總統傳》，是一本欽定官書。1970 年代，臺灣提供資料、日本記者撰著出版的《蔣總統秘錄》，篇帙浩繁，惟蔣中正作為「人」的角色，幾乎是消失了。其他的論著甚多，專書至少超過五十本以上，學術的專文超過五百篇以上，如何進一步梳理，特別是抗戰時期蔣中正的角色是否有重新討論的必要？

　　歷史的論述最重要的是以史料為文本，然史料的價值端視其載體內容的完整性及影響性，自「蔣日記」公開閱覽後，引起各方的關注；記者、政治家、家屬及好奇者紛紛至史丹佛大學胡佛研究所閱覽，本文比較關注的是來自各地的歷史學者，其中以中國大陸、日本、臺灣等地學者居多，中國大陸方面有：楊天石、楊奎松、王奇生、袁偉時、周秋光、馬振犢、郭必強、王建朗、汪朝光、陳紅民、金以林、羅敏等。臺灣方面有：張玉法、呂芳上、黃自進、習賢德、王成勉、林桶法、潘邦正、陳立文、張淑雅等，加上本身即是史丹福大學胡佛研究所的學者郭岱君、林孝庭等。日本方面有：山田辰雄、段瑞聰、鹿錫俊、吉田豐子、家近亮子等學者。這些學者多半是為研究而閱讀，長期抄寫，短則一兩個星期，長者一年半載。但也有單位（如中國社會科學院近代史研究所）則是集合許多研究員的力量，抄錄後提供所內同仁進行研究。此外有些外國學者因限於時間與文字的解讀，請學生代為抄錄翻

譯後使用（如陶涵等），這些史學家在史丹佛大學胡佛研究所建立相當深厚的感情，由於蔣在寫日記時有特殊的書寫方式，有些字不容易辨認，學者都互相請益，在中午午餐及下午工作時間結束是抄寫日記外最大的收穫，學者會在聯誼廳中相互討論日記的內容，蔣方智怡、郭岱君、潘邦正、宋曹琍璇、林孝庭等也會加入討論，史學朋友間常抽空聚會，這段時間培養的情誼成為史學研究的另一動力。除累積個人的研究成果之外，彼此之間的互動更為頻繁，帶動蔣中正及民國史的研究。

蔣日記開放閱覽後對蔣中正評價帶來一些轉變，[26]蔣中正研究從「險學」到「顯學」，大致歸納為幾類。

## 1. 形成「蔣學研究」，或「日記學研究」

近十年來有許多機關及單位積極舉辦有關蔣中正的學術研討會，如中央研究院近代史研究所，「蔣介石的權力網絡及其政治運作國際學術研討會」（臺北：中央研究院近代史研究所，2009 年 9 月 14 至 16 日）、浙江大學，「蔣介石與近代中國國際學術研討會」（浙江：浙江大學，2010 年 4 月 10 至 12 日，總共四屆，第四屆在 2017 年 6 月 9 至 11 日）、中國文化大學史學研究所，「蔣介石與世界國際學術研討會」（臺北：文化大學史學研究所，2010 年 8 月 25 至 26 日）、中正文教基金會等，「蔣

---

26  Paul H. Tai and Tai-chun Kuo," *Research Notes: Chiang Kai-shek Revisited,*" American Journal of Chinese Studies, 17: 1 (April, 2010), pp. 81 -86。

中正日記與近代中國國際學術研討會」（臺北：圓山飯店，2010年12月2至4日）、中央研究院近代史研究所，「蔣介石與現代中國的再評價國際學術研討會」（臺北：中央研究院近代史研究所檔案館，2011年6月27至28日）。發表超過上百篇以上的論著，或以日記為題，或從蔣的私領域到公領域，從政治、軍事、國際外交到個人的人際網絡等探討蔣中正在民國史上的角色，大部分學者大量使用「蔣日記」。

日記為開放之前即有學者引述日記，如黃仁宇《從大歷史角度讀蔣介石日記》，但所用的「蔣日記」版本並不完整，由於日記等史料的開放，帶動蔣學的研究，以蔣中正為題有許多專書陸續出版，像是楊天石《找尋真實的蔣介石：蔣介石日記解讀》、劉維開《蔣中正的一九四九：從下野到復行視事》、陶涵《蔣介石和現代中國的奮鬥（上、下）》，以及陳紅民、黃自進、林孝庭、張瑞德等皆有相關著作，近期的著作則有潘佐夫《蔣介石：失敗的勝利者》。

這些專書的特色即運用「蔣日記」作為其撰寫的重要題材。已往歷史書都說蔣「對外投降帝國主義」，但楊天石披露1925年廣州發生沙基慘案後，蔣日記中書寫的仇英標語總計近百條，諸如「英夷不滅非男兒」、「漢有三戶，滅英必漢」等。特別是蔣中正抗戰的地位，大陸學者的論述肯定蔣在正面戰場的作用。

## 2. 青年學者投入蔣中正研究

　　本文所指的青年，特別是以在學學生為主，大陸地區以蔣介石為題的碩博士論文，已超過一百篇。內容涵蓋政治、軍事、外交、黨務與對人事的折衝。對蔣的批判固然仍不少，但大都能站在同情的理解。特別是有些學校在教授的帶領下，投入蔣介石的研究，其中以北大及浙江大學成果斐然，以浙大為例，在陳紅民等教授指導下的論文如表 1：

表 1　浙大以蔣介石為題的論文（2008-2023）

| 作者 | 書名 | 時間 |
|------|------|------|
| 郭昌文 | 〈黃埔訓練時期蔣介石治校研究〉 | 2008 年 |
| 段智峰 | 〈蔣介石與汪精衛在二次合作格局下的鬥爭與合作〉 | 2009 年 |
| 鄭　勇 | 〈蔣介石與福建事變〉 | 2009 年 |
| 曾　芬 | 〈蔣介石與察哈爾抗戰〉 | 2010 年 |
| 柯瓊曉 | 〈1927 年前蔣介石革命觀之研究〉 | 2011 年 |
| 許心恆 | 〈論蔣介石對地方實力派策略的變化（1928-1937）〉 | 2011 年 |
| 郭昌文 | 〈蔣介石對地方實力派的策略研究（1928-1936）〉（博士論文） | 2011 年 |
| 雷　成 | 〈胡適與蔣介石關係研究（1945-1949）〉 | 2012 年 |
| 段智峰 | 〈蔣汪合作研究（1931-1938）〉（博士論文） | 2012 年 |
| 呂　娜 | 〈蔣介石與浙籍軍人關係初探〉 | 2013 年 |
| 羅樹麗 | 〈蔣介石兼理川政研究（1938-1940）〉 | 2013 年 |
| 曹桂紅 | 〈西安事變前後蔣介石的形象及其塑造〉 | 2013 年 |
| 郭林瑞 | 〈蔣介石與 1938 年國民黨 "臨全大會" 研究〉 | 2014 年 |
| 鐘　健 | 〈蔣介石與抗日戰爭幾個問題之研究〉 | 2016 年 |
| 曾　超 | 〈全面抗戰時期蔣介石的思想資源〉 | 2018 年 |
| 葛　娟 | 〈全面抗戰時期蔣介石行跡研究〉 | 2019 年 |

　　其他學校亦有許多年輕學者投入，如以《中國知網》（CKNI）以蔣介石查閱博碩士論文，將會出現超過一千筆資料，其中以「蔣介石」為題者高達近百筆以上。本文

無法一一羅列，可見「蔣學」方興未艾。

## 3. 許多單位積極推動蔣中正研究

學術的研究需要有學者帶動，這些學者具有「領頭羊」的作用，舉臺灣方面為例，在呂芳上、劉維開、唐啟華、林桶法、陳立文、周惠民等帶領下，政大與國史館，每月的事略稿本讀書會（至 2017 年持續五年，已全部閱讀完竣），也與中國社會科學院近代史研究所舉辦「神仙會」，並將成果陸續出版，目前已有四本專書，[27] 國史館在呂芳上擔任館長期間，除出版有關蔣中正的相關史料及《蔣中正先生年譜長編》外，更舉辦多次學術研討會。

中研院近代史研究所在黃自進及黃克武的大力推動下，也出版專書及舉辦學術研討會。中正紀念堂早期並未進行研

---

27 已出版有呂芳上主編，《蔣介石的日常生活》（香港：天地圖書，2014 年）；呂芳上主編，《蔣介石的親情、愛情與友情》（臺北：時報文化出版企業股份有限公司，2011）；呂芳上主編，《日記中的蔣介石》（臺北：政大出版社，2020）等。

究工作，在學者的建議下，除獎勵蔣研究外，委託林桶
法、呂芳上、劉維開等進行「蔣中正日記研究」（2009
年），並出版有關蔣中正的口述歷史，此外，集結學者的
論著，出版許多蔣中正專書。[28] 大陸方面，浙江大學、南
京大學、北京大學等高校及中國社會科學院近代史研究所
等舉辦多次學術研討會；浙江大學每周都舉行「蔣日記」
的解讀；甚至有許多單位或個人，如李摩西與政大人文中
心合作出版《事略稿本》打字版，銀泰基金會等單位獎勵
蔣中正的相關研究（2016 年通過鼓勵專書出版及專題研
究，並於 2016 年 7 月在浙江大學舉辦「蔣氏家族與中國
近現代史研究研習營」），帶動另一波的研究風潮。

　　蔣日記正式開放後，出現一波蔣中正暨其相關問題
的研究風潮，除了一般性介紹文字外，對日記本身的文本
性質、史料意義之研究，也成為不少研究者的主題。由於
研究成果豐富，許多研究將蔣日記與其他的史料參雜使
用，無法一一羅列。經粗估近十年來以蔣日記文本為題的
學術論著（含專書及專文）大約超過二百篇，其他非學術
論著更多，這些論著大約可歸為幾大類。

---

28　如吳祖勝總策劃，劉維開主編，《蔣中正先生與民國軍事》（臺北：
　　國立中正紀念堂管理處，2013）；吳祖勝總策劃，劉維開主編，《蔣
　　中正先生與民國政治》（臺北：國立中正紀念堂管理處，2013）等。

## 1. 摘抄，不做分析

　　如張秀章，《蔣介石日記揭密》（北京：團結出版社，2007）、卞客生，《蔣介石日記秘事》（鄭州：河南人民出版社，2007）、王曉華，《蔣介石日記秘檔》（北京：台海出版社，2014）。這些專書的出版，雖然帶動對蔣日記的興趣，但由於資料不齊全，抄錄亦有許多錯誤，學界普遍不予重視。張秀章的書更被評為「此書實在是一本大膽作偽，以假充真，一拼二湊，無秘可言的出版物」[29] 這類的書由於是摘抄，甚至有些內容並非日記的原貌，因此不建議使用。

## 2. 摘抄，做初步歸類及解讀

　　如阮大仁《蔣中正日記中的抗戰初始》（臺北：台灣學生書局，2015）、阮大仁《蔣中正日記中的當代人物》（臺北：台灣學生書局，2014）、阮大仁《蔣中正日記揭密：從風雨飄搖到大局初定》（北京：華文出版社，2012）、郝柏村《郝柏村解讀蔣公日記：一九四五～一九四九》（臺北：天下文化出版公司，2011）、《郝柏村解讀蔣公八年抗戰日記：一九三七～一九四五》（臺北：天下文化出版公司，2013）。郝柏村的兩本專書，以日記為文本，將自己的意見溶雜其中。郝柏村經歷抗戰與國共內戰，書中大量引用「蔣日記」，並由日記證明蔣中

---

29　《文匯讀書周報》，2007 年 2 月 1 日。該文為楊天石所撰。

正確實積極準備抗戰，透過該書肯定國軍在抗戰的貢獻，
郝在序言中提到：

> 日記的本質是主觀的，讀者可各依自己的立場，有
> 不同面向的解釋，但抗戰是以落後、貧窮而分裂的
> 國家，敢於對世界一流強權說「不」，全憑蔣委員
> 長在內外交迫、危疑震撼中，堅持抗戰到底，鐵一
> 般的意志。[30]

　　郝書的特色是以經歷抗戰及國共內戰者的角度，對
蔣日記的內容進行解讀，然有時無法分辨何者是蔣日記的
原文？何者是郝本人的意見？
　　阮大仁雖未受歷史專業訓練，然對民國史相當有興
趣，因此長期抄閱日記，挑選其有興趣者集結成書，出版
許多有關「蔣日記」的專書，並企圖做歸納，如《蔣中正
日記揭密：從風雨飄搖到大局初定》為例，分兩大部分，
第一部分：陳立夫阻擋張羣組閣之政爭；第二部分：陳
誠、嚴家淦脫穎而出之經過，兩部分涵蓋大陸時期與臺灣
時期。阮書的優點是有銳利的眼光，掌握一些民間好奇或
所欲知曉的課題，然所解構者大部分史學家已有專書或專
文做更細討論，阮書並未參酌，[31] 加以缺乏其他史料的

---

30　郝柏村，《郝柏村解讀蔣公八年抗戰日記：一九三七～一九四五》
　　（臺北：天下文化出版公司，2013），序言。
31　如政府遷臺後的吳國楨案，已有陳進金、呂芳上等的專著，如陳進

佐證，有孤證之弊病。《蔣介石日記中的抗戰初始》主要探討中日八年抗戰是怎樣開打的，為何 1937 年的七七事變由地方性、偶發性的小型衝突，釀成長達八年的全面戰爭，也探討八年抗戰是怎樣勝利的，析論中勝日敗的三個戰爭指導原則，其成功奏效的原因。雖然大量使用「蔣中正日記」，論述欠周延，需再補充更多的檔案補充觀點。

## 3. 以「蔣日記」作主題，進行序列研究與分析

如楊天石，《找尋真實的蔣介石：蔣介石日記解讀》（香港：三聯書店，2014），該書不斷增補，有不同的版本，實際上以第一版本為基礎，其後楊天石勤於抄寫蔣日記，每有心得即時發表，並針對一些爭議性問題進行日記的解構，論著甚多，簡單羅列如表 2：

表 2　楊天石發表以蔣介石日記為題論文（2008-2023）舉隅

| 篇名 | 出版項 | 時間 |
|---|---|---|
| 〈蔣介石日記的現狀及其真實性問題〉 | 《中國圖書評論》 | 2008 年 1 月 |
| 〈且看蔣介石如何反腐敗（上）（下）——蔣介石日記解密系列〉 | 《同舟共進》 | 2008 年 8 月、9 月 |
| 〈蔣介石的"婚外情"傳說——蔣介石解讀之三〉 | 《世紀》 | 2008 年 1 月 |
| 〈蔣介石日記披露對日密談內幕〉 | 《文史博覽》 | 2008 年 4 月 |
| 〈蔣介石在日記中如何反省〉 | 《同舟共進》 | 2009 年 10 月 |
| 〈楊天石"近史探幽"系列 1 蔣介石日記解讀 蘇聯放蔣經國回國內幕〉 | 《文史參考》 | 2010 年 2 月 |

金，〈蔣中正遷臺初期的人事佈局——以省主席的遞嬗為中心〉，收入黃克武主編，《遷臺初期的蔣中正》（臺北：國立中正紀念堂管理處，2011）。

| 篇名 | 出版項 | 時間 |
|---|---|---|
| 〈"近史探幽" 系列 2 蔣介石日記解讀苦追宋美齡始末〉 | 《文史參考》 | 2010 年 3 月 |
| 〈"近史探幽" 系列 3 蔣介石日記解讀與宋美齡的婚后生活〉 | 《文史參考》 | 2010 年 3 月 |
| 〈"近史探幽" 系列 4 蔣介石日記解讀蔣介石在臺 "復職" 與李宗仁在美抗爭〉 | 《文史參考》 | 2010 年 4 月 |
| 〈蔣介石提議胡適參選總統前後——蔣介石日記解讀〉 | 《近代史研究》 | 2011 年 3 月 |
| 〈陳潔如回憶錄何以塵封近 30 年——蔣介石日記解讀〉 | 《社會科學戰線》 | 2013 年 5 月 |
| 〈從「蔣介石日記」看重慶談判〉 | 《報刊薈萃》 | 2011 年 3 月 |
| 〈蔣介石為何提議胡適參選總統？——蔣介石日記解讀〉 | 《江淮文史》 | 2013 年 1 月 |
| 〈綏遠抗戰與蔣介石對日政策的轉變——蔣介石日記解讀〉 | 《江淮文史》 | 2013 年 2 月 |
| 〈蔣介石收復新疆主權的努力（上）（下）〉——蔣介石日記解讀〉 | 《江淮文史》 | 2013 年 4 月、5 月 |
| 〈蔣介石日記中的 "兩岸密使"〉 | 《同舟共進》 | 2018 年 9 月 |

　　楊天石學思嚴謹，行事小心，專研民國史課題甚深，又有時代的敏銳性，甚受記者、媒體的好評，楊也確實能針對一些歷史上轉折的課題進行深度的分析，楊大量引用日記的內容，又為滿足媒體的需求，並符合兩岸的論述，對蔣中正時褒時貶，甚至直接論述蔣在民國史上的功過，如提到蔣既有大功又有大過：「大過之一是 1927 年到 1937 年的清黨和剿共。大過之二是 1946 年到 1949 年三年反共內戰。」[32] 過於簡化，且有投中共所好之嫌。甚至有解讀錯誤之處，如重慶會談期間，蔣是否有欲暗殺毛，舉蔣日記的情緒之言作例證，如果觀察蔣當時對中共

---

32 楊天石，〈蔣介石日記中的蔣介石〉，《東北之窗》，第 5 期（2008），頁 62。

的態度及其對美的態度，擇其所記的片段為證，並不符合事實，但由於楊氏的論著甚多，難免有「掛一漏萬」的問題，大體言楊天石大多數的討論還算忠於日記的稿本。由於其對蔣中正研究投入甚深，論著甚多，福建師範大學王猛龍即以〈楊天石與蔣介石研究探析（1955-2009）〉為題進行討論，[33] 可見其影響甚大。

　　陳紅民也是最常以日記為題的作者之一，其解讀日記著作大都發表於《世紀》雜誌，陳紅民是浙大歷史系教授兼蔣介石與近代中國研究中心主任，對於帶動蔣的研究貢獻卓著，其主題具有敏銳性，對於蔣中正研究甚為專精，對蔣的研究已有相當程度的了解，[34] 然有些則過於依賴單一史料。楊天石及陳紅民可說是近年來推廣蔣中正研究的重要推手，優點之一是兩位作者確實有銳利的眼光，掌握大眾的好奇，並提出以日記的解讀。優點之二是兩位作者都將視角延伸至臺灣，將民國史延續至 1949 年之後，然此序列的論著也有其盲點，或有斷章取義的問題，或有誇大某一現象的毛病，其所犯的問題將於後文一併討論。

---

33　王猛龍，〈楊天石與蔣介石研究探析（1955-2009）〉（福州：福建師範大學碩士論文，2010）。

34　陳紅民，〈蔣介石研究：六十年學術史的梳理與前瞻〉，《學術月刊》，2011 年第 5 期。

## 4. 進行專題學術分析

　　這類論著最多，又分為幾種：第一項以「蔣日記」研究一段時期的蔣中正：此類由於研究數量甚多，將之分為臺灣、大陸及日本三大部分，臺灣方面以「蔣日記」為題的研究如劉維開，〈蔣中正《西安半月記》之研究〉，《國立政治大學歷史學報》，第 20 期（2003 年 5 月）；呂芳上，〈最後關頭已到：1937 年《蔣中正日記》的考察〉，《蔣中正與近代中日關係》，上冊（臺北：稻鄉出版社，2006）；陳立文，〈從蔣日記看蔣介石與《蘇俄在中國》〉，《蔣介石與世界國際學術研討會》（臺北：文化大學，2010）；高純淑，〈日記與戰後東北接收〉，「蔣介石日記與民國史研究的回顧」學術研討會；林桶法，〈從委員長的一週談蔣介石的生活作息與時間觀〉，《蔣介石日常生活》（臺北：政大出版社，2012）等等。

　　大陸方面以「蔣日記」為題的研究如王建朗，〈從蔣介石日記看抗戰後期的中英美關係〉，《民國檔案》（2008年第 4 期）；吳景平，〈1938 年國民黨對日和戰態度述評——以蔣介石日記為中心的考察〉，《民國檔案》（2010年 3 月）；陳紅民，〈臺灣當局對 1962 年中印邊境衝突的反應——以蔣廷黻資料與「蔣介石日記」為中心〉，《軍事歷史研究》（2015 年第 1 期）；李玉，〈蔣介石日記中對日「雪恥」——以 1928 年「濟案」南慘為中心的考察〉，《暨南學報》（哲學社會科學版）（2015 年 8 月）；羅敏，〈日記與函電中的「剿共」博弈：以西南與蔣介石

為中心的考察〉,「蔣介石日記與民國史研究的回顧」學術研討會(臺北:國立政治大學人文中心,2016)。

日本及其他地區,日本學者如家近亮子,〈從「蔣介石日記」解讀1937年12月的南京形勢〉,《民國檔案》(2009年2月);家近亮子,〈蔣介石1927年秋的訪日——「蔣介石日記」與日本新聞報導的比較分析〉,《蔣中正日記與民國史研究》(臺北:世界大同出版公司,2011)。香港方面如鄭會欣,〈抗戰前後的蔣介石——以1945年「蔣介石日記」為中心〉,《蔣中正日記與民國史研究》。鄭會欣,〈「忍氣吞聲,負重致遠」:從蔣介石日記看他對雅爾塔協議的態度〉,《社會科學》(2008年7月)。

撰寫上述文章的學者,大都是從事民國史研究的知名學者,分別從其專業及研究領域進行探索析論;由於「蔣日記」內容以敘述軍事、政治、外交或者一個事件的記載最多,因此研究者以軍事、政治、外交或一個事件為主題的研究也最多。

以一段時間為觀察者最多,其原因主要是主題明確、資料較集中、時間較短,不需要閱讀長期的日記,書寫的課題包括對一個事件,如針對西安事變、九一八事變、一二八事變、濟南慘案、八一三砲戰等,如張淑雅,〈擴大衝突、操控美國、放棄反攻?從「蔣介石日記」看八一三砲戰〉、李玉,〈蔣介石日記中對日「雪恥」——以1928年濟南慘案為中心的考察〉等文。也可能是蔣對某一問題的態度,如汪朝光,〈抗戰勝利的喜悅與

對日處置的糾結——由蔣介石日記觀其戰後對日處置的雙面性〉、〈最後關頭已到：1937年《蔣中正日記》的考察〉等文；亦有針對蔣在某一時期的外交態度，如王建朗，〈從蔣介石日記看抗戰後期的中英美關係〉、〈1938年國民黨對日和戰態度述評——以蔣介石日記為中心的考察〉等文。以短時間的觀察，其特色是大量引用蔣在此時期的日記，優點是提供日記的素材，其盲點在於歷史是有延續性，這一時期的態度，可能是更早時期或長期的醞釀，但也可能是針對特殊性，因此在分析上有時也會犯了以偏概全的毛病。

　　第二項以日記歸類出的某一特定專題：如楊奎松，〈蔣介石與戰後國民黨的政府暴力——以蔣介石日記為中心的分析〉，《近代史研究》，2011年第4期（2011年7月）。吳景平，〈中國戰時外交的再研究與再思考——以蔣介石日記、宋子文檔案等海外文獻為中心〉，《中學歷史教學參考》，2015年第11期（2015年6月）。陳紅民，〈「蔣介石日記」中的「約法之爭」〉，《史學月刊》，2015年第4期（2015年4月）。田波蘭，〈蔣介石日記中的對日作戰〉，《天津政協》，2012年第12期（2012年12月）。楊奎松，〈蔣介石與外蒙獨立問題——以日記為中心看蔣介石對領土問題的看法與處置〉，收入《蔣介石與現代中國的形塑》（臺北：中央研究院近代史研究所，2013）。李玉，〈試論蔣介石在日記中關於國民黨弊端的憂思（1927-1937）〉，《安徽史學》，2013年第6期（2013

年 11 月）。林桶法，〈從蔣介石、王叔銘、胡宗南日記看
1949 年蔣胡的戰略紛歧〉，收入《日記中的蔣介石》（臺
北：政大出版社，2020）。鄭會欣，〈蔣介石日記中的香
港受降〉，《讀書文摘》，第 15 期（2014 年 8 月）。

　　這類的研究優點是透過長時間的日記進行比較，但
也容易有以材解義的問題，如楊奎松，〈蔣介石與戰後國
民黨的「政府暴力」──以蔣介石日記為中心的分析〉，
其優點是較敏銳的提出觀察蔣對日記書寫的一些問題，值
得討論的是先假設蔣與國家暴力有關，再檢視蔣日記有些
地方隱晦不談，以推斷方式論述。另有些學者會討論蔣對
預測的準確性，檢視「蔣日記」所談，再找事實做論證，
推出蔣具有準確的判斷性。再如蔣在國共內戰期間是否使
用生化武器對付共軍，在日記中也得到證實，諸如此類的
問題，也凸顯學者使用日記上的一些問題。桑兵在〈日記
內外的歷史〉提到：

　　不要簡單地以為日記即第一手資料，應將各類文獻
　　比勘印證，以便把握其中真的部分和真的程度，不
　　要以日記所記即為全部事實，應掌握基本事實來看
　　日記所記，不要僅僅從日記各取所需地尋找自己要
　　的材料，而要瞭解日記之人的為人行事及其記日記
　　的習慣方式。[35]

---

35 桑兵，〈日記內外的歷史〉，收入呂芳上編，《蔣中正日記與民國
　　史研究》（臺北：世界大同出版公司，2011），頁 72。

　　然有時研究者常會被資料左右，蒐羅資料或日記內容時常忽略相矛盾的敘述。

　　第三項討論蔣介石的感情與生活，如習賢德，〈蔣介石早年日記中的感情世界（1917-1931）〉，《傳記文學》，第 90 卷第 2- 4 期（2007）；戴鴻超，〈從新近公布的蔣介石日記看孫蔣交往〉，《中國近代》，第 17 輯（2007年 6 月）；呂芳上，〈陳炯明與孫中山、蔣介石的關係：由蔣介石日記觀察〉，《二十世紀初期的廣東與香港國際學術研討會論文集》（香港：嶺南大學，2008）；王奇生，〈蔣介石的閱讀史——以 1920 年至 1940 年代《蔣中正日記》為中心的探討〉，《蔣介石的日常生活》（臺北：政大出版社，2012）等等。

　　這類的論著將蔣中正的研究從政治、軍事、外交延伸到宗教信仰、人際關係、日常生活等私領域的探討，使研究者對於蔣中正能有更豐富的理解，也使蔣中正不再是高高在上的「領導人」，而趨近於一個「人」，[36] 這些都值得鼓勵，然有時在「公」與「私」之間是否有一定的強連結？如國家領袖的旅遊與國計民生有何關係？這些私領域生活對於公的決策有何影響，如蔣對時間的安排是否也影響到部屬或機關的時間作息？又如其基督信仰，是否帶動部屬的信仰？這些方面單一日記可能無法窺其全貌。

---

36　劉維開，〈蔣介石研究在台灣〉，《澳門理工學報》，2014 年第 1 期，頁 188。

# 蔣中正日記作為文本書寫的反思

　　日記為研究歷史的絕佳材料，日記既是逐日將個人行事、感知寫成文字保存而成，因此記主在一生中所扮演不同的角色，在不同的時空背景下，主客觀留下的資料，就是研究記主最重要的參考資料，然而，日記反應記主的性格，同時反應當時記主的情境，不論日記書寫內容為何，畢竟是心情的紀錄，甚至依據王汎森研究明末清初士人社群時，特別強調日記在個人修身實踐上的作用。[37] 然而日記的記載本來就有選擇性的問題，一個重要的政經領袖面臨極複雜的事務，記與不記，無關事務的重要與否，更何況何為重要畢竟是極主觀的問題，如果能長時期閱讀一個記主的日記，較能掌握記主書寫的特性。也能明白前後的關聯性。如能比照同時期不同記主的日記，特別是親歷同樣事務的記主的日記，如 1948 年選舉總統時，蔣中正意欲推舉胡適為總統候選人一事，如比對蔣日記、《胡適先生日記》等，將更能了解該事務的原委。蔣中正 3 月 30 日日記：「與雪艇談總統問題，屬其轉詢胡適之君出任，余極願退讓，並仍負責輔佐也。」[38] 當天胡適日記記到：「下午三點，王雪艇傳來蔣主席的話，使我感覺百分不安。蔣公意欲宣佈他自己不競選總統，而提我為總統候

---

37　王汎森，〈日譜與明末清初思想家——以顏李學派為主的討論〉，《中央研究院歷史語言研究所集刊》，第 69 期（1998 年 6 月），頁 245-294。

38　《蔣中正日記》（1948），3 月 30 日（臺北：民國歷史文化學社，2023）。

選人，他自己願意做行政院長。我承認這是一個很聰明、很偉大的見解，可以一新國內外的耳目。我也承認蔣公是很誠懇的。」[39] 再比對陸鏗的回憶錄：「1948 年 4 月 1 日，胡適擔任大會執行主席的中午，散會後……我提出能不能今天下午給我一個向您請教的機會？他很爽快，約好當天下午散會後一談。……偏偏那天的會散得較晚，已經是華燈初上了。……我一邊告訴他，蔣先生已決定推他出任中華民國第一屆民選總統。……胡適那時的興奮之情，很自然的流露，我感覺到他手上出了汗。」[40] 二種日記與一種回憶錄相較，日記仍具有較高的可信度。有關史迪威事件，比對「蔣日記」及「史迪威日記」將看到兩人對參謀長職位及滇緬戰役的意見截然不同。

　　這十餘年來以蔣日記文本為題進行探討，整體而論有幾種現象值得注意。

　　其一，對大陸而言，確實有修正或顛覆過去對蔣、國民黨評價之處，針對過去大陸地區研究蔣介石的論文已有黃道炫、楊奎松、陳紅民等，[41] 其中大都承認過去對蔣介石研究受到陳伯達，《人民公敵蔣介石》（北京：正

39　《胡適先生日記》，1948 年 3 月 30 日，（臺北：遠流出版社，1990）。

40　陸鏗，《陸鏗回憶錄與懺悔錄》（臺北：時報文化出版，1997），頁 188。

41　黃道炫，〈1980 年代以來中國大陸蔣介石研究述評〉，《近代史研究》，2007 年第 1 期；楊奎松，〈大陸蔣介石研究的回顧與展望〉，「蔣介石與近代中國國際學術研討會」，浙江：浙江大學，2010 年 4 月 10-12 日；陳紅民，〈蔣介石研究：六十年學術史的梳理與前瞻〉，《學術月刊》，2011 年第 5 期，均對蔣介石研究的學術史有梳理。

報出版社，1949），即使在改革開放之後，對蔣的評價大
都是負面，經由史料的開放、兩岸學者的交流，特別是
「蔣日記」的開放，許多學者如王建朗、周天度、鄭會
欣、薛念文等學者都能看到這一現象，大抵亦肯定蔣為
「民族主義者」。新研究趨向是肯定蔣乃「功過並俱」的
歷史人物，與過去醜化的「階級敵人」形象已大異其趣。
以楊天石對「中山艦事件」的研究為例，楊透過蔣日記等
材料的勘合，強調事件真相不同於以往國共兩黨的官方說
法，既非出於「共黨陰謀」，也非蔣一手炮製。實際上，
幕後主導者是當時國民黨的「右派」，試圖破壞廣州國共
合作的成局。換言之，透過新史料的解讀、討論，中國大
陸學界確能漸跳脫以往的框架。王奇生、金以林、陳紅民
等人，都在既有對民國、國民黨史的研究基礎上，酌添蔣
日記材料，深化了研究成果。如陳紅民運用日記、檔案等
材料，證明 1934 年國民黨五全大會的延期召開，表面上
係剿共戰事正殷所致，實則南京正面對西南當局之挑戰，
設若堅持召開五全大會，則可能出現國民黨公開分裂的局
面。為此，蔣中正只得以捭闔縱橫之法，利用對手陣營的
矛盾，再尋藉口來掩飾對妥協的真相。專研外交史的王建
朗則從「蔣日記」中解析抗戰前後中美關係的變化，並肯
定蔣所作的努力。由此可見，相關史料的耙梳，既可以顯
示豐富的歷史細節，亦能折射出樣貌多變的政治文化課
題。跳脫過去革命史觀非「神」即「鬼」的套路。陳永發
即認為：「使用日記的研究已經把蔣介石從惡魔與聖人的

兩極描述中，還原成有血有肉、有愛有恨的人。」[42] 大陸
民國史的研究過去對蔣中正大部分持較負面的態度，日
記的開放，學者引述或容有所取材，但大抵以深入蔣中正
的內心世界，無疑是一大的突破，薛念文，〈「蔣介石日
記」的史料價值〉，《民國檔案》，2007 年第 3 期。駱墨，
〈從大歷史的角度讀蔣介石日記〉，《黨史研究與教學》，
1999 年第 3 期，呂芳上、林孝庭，"Chiang Kai-shek's Diaries
and Republican China: New Insights on the History of Modern
China," *The Chinese Historical Review*, 15:2 (2008) 等，均肯定日記
的價值，對兩岸學者討論民國史有正向的意義。

其二，擴大蔣中正研究的面向：過去較重視政治、軍
事層面，蔣日記的體裁甚廣，因此有學者關注蔣的閱讀、
信仰、旅遊、感情、醫療、電影等，將其視為一個「平凡
人」，兩岸學界在此方面已有相當大的突破成果。[43] 然
此方面的文章可開拓發展甚多，青年學者可投入此區域的
研究。

其三，蔣日記開放，大陸學者的論述不論是直接以
日記做為文本或論著中引述「蔣日記」的篇幅的數量多於
臺灣，2009 年 3 月北京中國社會科學院近代史研究所出
版的《近代史研究》，就刊載汪朝光、王建朗、羅敏、鹿

---

42　陳永發，〈評楊天石新著，《找尋真實的蔣介石：蔣介石日記解讀》〉，
　　《傳記文學》，第 92 卷第 6 期（2008 年 6 月），頁 113。
43　呂芳上主編，《蔣介石的日常生活》、汪朝光主編，《蔣介石的人
　　際網絡》等。

錫俊等四位學者利用蔣日記的研究成果。原因在於臺灣研究民國史的學界者，大都已大量閱讀國民黨所出版或典藏的相關史料，甚至早在蔣日記於美國公開之前，已有若干學者親睹日記原文。因此，當蔣日記開放之後，大陸及日本學者興趣最高，論著亦較多，然而臺灣的學者對蔣日記性質及版本的了解遠勝於其他地區的學者，如劉維開、呂芳上、邵銘煌等，[44] 此外，臺灣學者將「蔣日記」做為材料，而非作為主題，因此如以日記文本為題，大陸學者的論著確實豐富，但如以內容而論的，臺灣學者的析論性大於新聞性，如呂芳上、劉維開、黃自進及本人等都是長期對蔣日記及其衍生文本進行研究，亦能參酌蔣日記之外的相關文獻。黃自進在〈青年蔣中正的革命歷練（1906-1924）〉一文中，則以蔣日記、及日方資料交互參酌，呈現出蔣早年生涯中的片段，特別是中華革命黨時期旅日的部分。呂芳上不僅使用「蔣日記」而且駕馭「蔣日記」，充分了解蔣性格，其最大的貢獻是將蔣「凡人化」。從學者分析，由於「蔣日記」的典藏在美國史丹福大學胡佛研究所，基於經費的考量，一般的年輕研究生大都無法親往閱讀，從開放以來大都是已有若干研究基礎的學者，雖然不無遺憾，但如果從解讀的成熟度而言，這批學者確實較能精準地掌握到日記的精隨。

　　從學術史的角度言，「蔣中正日記」的開放，除了上

---

44　如劉維開，〈臺灣地區蔣中正先生資料之典藏與整理——兼論「事略稿本」之史料價值〉，《檔案季刊》，第 7 卷第 3 期（2008 年 9 月）等。

述明確以主題「蔣日記」為主的研究之外，另外有許多論
著，如齊錫生的專書《劍拔弩張的盟友：太平洋戰爭期間
的中美軍事合作關係（1941-1945）》（臺北：聯經出版，
2014）、《從舞臺邊緣走向中央：美國在中國抗戰初期外
交視野中的轉變 1937 -1941》（臺北：聯經出版，2017）
大量利用蔣日記進行外交方面的分析。此外許多論著探討
蔣中正的人際網絡，如表 3。

表 3　探討蔣介石人際網絡的論著舉隅

| 作者 | 篇名 | 出處及出版項 |
|---|---|---|
| 呂芳上 | 〈領導者心路歷程的探索：蔣介石日記與民國史研究〉 | 《近代中國國家的型塑：領導人物與領導風格國際學術研討會論文集》，臺中：東海大學，2007 年 12 月 |
| 呂芳上 | 〈日記、檔案中的蔣介石、宋子文和史迪威（1940-1944）〉 | 《宋子文生平與資料文獻研究》，上海：復旦大學出版社，2010 年 |
| 黃克武 | 〈蔣介石與賀麟〉 | 《中央研究院近代史研究所集刊》，第 67 期，2010 年 3 月 |
| 呂芳上 | 〈蔣介石：一個「繼承性創業者」初期人際網絡的建立〉 | 《蔣介石的人際網絡》，北京：社會科學文獻出版社，2011 年 |
| 林桶法 | 〈蔣介石的親族關懷〉 | 《蔣介石的人際網絡》，北京：社會科學文獻出版社，2011 年 |
| 林桶法 | 〈戰後蔣介石、白崇禧關係的探討（1945-1950）〉 | 《國史館館刊》，第 35 期，2013 年 3 月 |
| 林桶法 | 〈胡宗南與蔣介石關係的轉折（1945-1950）〉 | 《民國人物與檔案》，臺北：政大出版社，2015 年 |
| 劉維開 | 〈蔣中正與民國軍事〉 | 《蔣中正研究論文選輯》，臺北：國立中正紀念堂管理處，2013 年 |
| 劉維開 | 〈1949 年前張羣與蔣中正之關係——兼介紹張羣《中行廬經世資料》的史料價值〉 | 《民國人物與檔案》，臺北：政大出版社，2015 年 |

　　有些雖非以蔣中正日記為題，但卻大量使用蔣日記，
對於蔣中正的人際網絡有相當精準的解讀。

　　蔣日記的史料價值雖高，但日記的內容未必全可信，如對於日本侵略時機的誤判，國共內戰時期判斷將會有第三次世界大戰，日本派系鬥爭的問題等等，都與事實有所差距。如果大量抄寫而不參酌其他史料，可能出現與史實不符的論述。

## 代結論

　　過去已有許多學者利用日記書寫歷史，[45] 2018 年至今利用的研究蔣日記進行研究的文本雖有稍緩趨勢，但深度方面仍有許多值得肯定者，日記的使用端賴記主的影響力及所際事務的重要性，蔣日記由於個人牽引著民國史的發展，動見觀瞻，因此研究這特別多，由於學者的論著甚多，無法一一進行比對與評論，然大部分學者都有「重描」自己主題的毛病。在慶幸許多菁英以蔣日記文本為題進行研究的同時，有幾點反思：其一，歷史的研究當然史料相當重要，新史料的公開，固然有助於開闊新的研究領域，但其實以目前公開的檔案，已足以對某課題進行更深入的研究，「看別人看得到的資料，寫出別人所無法體悟的觀點」才是史家的最高境界，此外，蔣日記只是研究民國史及蔣中正的題材之一，有時運用現有典藏檔案及已出

---

45　黃克武、趙席夐，〈《陳克文日記》中的汪兆銘與蔣中正〉，收入羅敏主編，《中華民國史研究（第 3 輯）：在日記中找尋歷史》（北京：社會科學文獻出版社，2019 年 8 月）。蘇聖雄，〈甲申三百年——陳誠日記中的時局和蔣中正（1944 年）〉，收入羅敏主編，《中華民國史研究（第 3 輯）：在日記中找尋歷史》等。

版的檔案，如《蔣中正總統檔案：事略稿本》等，反而可以更完整的了解事件的來龍去脈，長期閱讀比對，研究成果更可期待。

其二，太多學者以單一的日記作為論述的文本，甚有全文約一半以上都是蔣日記文本，固然在蔣日記出版之前，有其「話語權」，但文章的問題漏洞甚多，太相信蔣日記的內容，缺乏內部考證，蔣日記具有真實性，但蔣日記的內容未必全真。而且必須要瞭解日記的背景，蔣每天的日記大約二、三百字，不可能詳述所記事物的來龍去脈，有時發生重要的事件，在日記中所提有限，甚至隻字未提，如西安事變前，張學良搗毀國民黨省黨部並帶走一些檔案，蔣得知應該會有所反應，但日記未記此事。因此要有歷史觀，特別是參酌相關史料進行補正與解讀是絕對必要。

其三，放大及斷章取義之弊：對於大陸學者使用蔣日記批評最力的是辛灝年，其提到：「中共的一些學者，借研究日記為名，斷章取義，歪曲和汙衊蔣介石。」[46] 當然這樣的評論也未必公允，但確實有些學者有放大蔣日記內容之嫌，如毛澤東到重慶開會蔣是否有意殺毛、是否使用化學武器對付中共。又如二二八事件為例，蔣的態度是否鎮壓或懷柔，有學者主張是鎮壓，[47] 另有學者（楊天

---

46 辛灝年，《最後的侮辱：中共學者閱讀「蔣介石日記」文章點評》（臺北：博大國際文化，2014），頁 17。

47 陳儀深，〈蔣介石日記與 228 責任〉，《自由時報》，2008 年 9 月

石）主張是懷柔，但觀看文本以 1947 年 3 月 7 日為例：
「本日全為臺灣自上月廿八日起由臺北延及至全臺各縣
市，對中央及外省人員與商民一律毆擊，死傷已知者達數
百人之眾。公俠不事先預防又不實報，及至事態燎原乃始
求援，可歎！特派海陸軍赴臺增強兵力。此時共匪組織尚
未深入或易為力。惟無精兵可派，甚為顧慮。善後方案
尚未決定，現時惟有懷柔。此種臺民初附，久受日寇奴
化，遺忘祖國，故皆畏威而不懷德也。」[48] 即使佐證其他
資料做結論都有斷章取義的問題。在國共內戰時曾考慮
用化學武器對付中共，學者不能以此放大蔣對中共的殘
忍，又曾提到史達林是其知己，便以為史達林真的是蔣的
知己等等，審慎運用、多方查證才是閱讀日記應有的涵養
與態度。

　　再以蔣中正對胡適的評論而言，如果挑選 1958 年 5 月
10 日「雪恥」中的一段：「對於政客以學者身份向政府
投機要脅，而以官位與錢財為其目的，伍憲子等於騙錢，
左舜生要求錢，唱中立不送錢就反腔，而胡適今日所為亦
幾乎等於此矣，殊所不料也。」[49] 以一句日記的評論來論
述蔣中正對胡適觀感的改變，可能並不公允。使用日記應
像進行口述歷史一樣，進一步查證，將會發現「內部考
證」的重要性。日記使用最忌諱的是被「工具化」，使用

　　　12 日，第 8 版。
48　「蔣中正日記」，1947 年 3 月 7 日。
49　「蔣中正日記」，1958 年 5 月 10 日。

蔣日記的部分內容加以重描，先有立場再找日記的部分內容強化自己的觀點，忽略記主本身前後的意涵，研究歷史者，應該瞭解任何文本都是在一定背景下撰寫的，都帶有書寫者的價值觀、目的、用途，使用日記必須謹守「史德」的根本涵養。

其四，未真正閱讀過日記，轉引其他著作據為己有：已故學者黃仁宇《從大歷史角度讀蔣介石日記》抽繹不同來源的日記片段，補綴成篇，已能彰顯詮釋及解讀歷史的功力，但其實際並未閱讀過日記抄本。

由於使用蔣日記進行研究者甚多，本文無法一一列舉，許多的分析案例亦難免掛一漏萬，僅提供一些思維供參酌。蔣日記做為中國近現代史研究的新史料，帶來的意義是還蔣中正本來面目，由此，臺灣學者感受到蔣在各歷史事件中承受的壓力、抉擇、心路歷程；中國大陸學者則重新思考蔣作為領導人物的歷史定位；歐美學界對蔣也有不同以往的看法。目前以蔣中正日記為文本的研究仍方興未艾，可預見的未來，相信蔣日記的出版，必可帶動另一波的研究高潮。

▼ 本文修改自林桶法，〈日記與民國史書寫：以「蔣介石日記」文本為題的研究分析（2007-2017）〉，收入呂芳上主編，《日記與民國史事》（臺北：政大出版社，2020），頁169-202。

說史敘事 08

# 尋找自己的蔣中正——
# 1948-1954 日記解讀
A Guide to Chiang Kai-shek Diaries, 1948-1954

主　　編　呂芳上
總 編 輯　陳新林、呂芳上
執行編輯　林育薇
封面設計　蔣緒慧、溫心忻
排　　版　溫心忻
助理編輯　林熊毅

出　　版　🛡 開源書局出版有限公司

香港金鐘夏愨道 18 號海富中心
1 座 26 樓 06 室
TEL：+852-35860995

民國歷史文化學社 有限公司

10646 台北市大安區羅斯福路三段
37 號 7 樓之 1
TEL：+886-2-2369-6912
FAX：+886-2-2369-6990

http://www.rchcs.com.tw

初版一刷　2023 年 10 月 31 日
定　　價　新台幣 400 元
　　　　　港　幣 110 元
　　　　　美　元　15 元
I S B N　978-626-7370-18-6
印　　刷　長達印刷有限公司

國家圖書館出版品預行編目 (CIP) 資料
尋找自己的蔣中正 : 1948-1954 日記解讀 = A
Guide to Chiang Kai-shek diaries,1948-1954/ 呂
芳上主編 . -- 初版 . -- 臺北市 : 民國歷史文化學社
有限公司 , 2023.10

面；　公分 . -- ( 說史敘事 ; 8)

ISBN 978-626-7370-18-6

1.CST: 蔣中正　2.CST: 傳記

005.32　　　　　　　　　　　　112015501

這是一套有血、有肉、有靈魂的資料；
　　是一部活生生具有「人味」的日記。

# 蔣中正日記

## 1948-1954

真實・正統・權威

國史館唯一授權

【獨家特色】

- 以手稿本為依據，真實鍵錄
- 審慎校對，錯漏別字，詳細註記
- 加註人名及重要史事，方便檢閱
- 配合日記內容精選珍貴照片
- 每冊並附索引，以利檢索
- 國史館唯一授權，海內外最正統版本

—— 個人捧讀・學者研究・傳家珍典・圖書庋藏・權威必備 ——

▶▶ 2023年10月31日　正式出版！